Christoph Pahl
„VOLL PORNO!"

W0048642

Christoph Pahl

„Voll Porno!"

Warum echte Kerle „Nein" sagen

francke

Über den Autor:

Christoph Pahl (Jahrgang 1981) ist verheiratet mit Johanna und lebt in Leipzig. Er arbeitet als Jugendreferent für „crossover" (die Jugendarbeit des Marburger Kreises).

Die in diesem Buch verwendeten Bibelzitate sind entnommen aus der „Gute Nachricht"-Übersetzung.

Bibliografische Information Der Deutschen Bibliothek
Die Deutsche Bibliothek verzeichnet diese Publikation in der Deutschen Nationalbibliografie; detaillierte bibliografische Daten sind im Internet über http://dnb.ddb.de abrufbar.

ISBN 978-3-86827-166-9
Alle Rechte vorbehalten
© 2010 by Verlag der Francke-Buchhandlung GmbH
35037 Marburg an der Lahn
Covergestaltung: Simon Huke
Satz: Verlag der Francke-Buchhandlung GmbH
Druck: Koninklijke Wöhrmann, Niederlande

www.francke-buch.de

Inhaltsverzeichnis

Vorwort

In jeder Generation gab es bisher Menschen, die behaupteten, dass unsere Jugendlichen so schlimm seien wie niemals zuvor. Nur ein Vorurteil? Kinder und Jugendliche sind der Spiegel unserer Gesellschaft. Durch sie zeigt sich, wie viel wir bereit sind, in sie zu investieren.

In den letzten Jahren mehren sich die Schlagzeilen über Komasaufen, verstärktes Aggressionsverhalten und sexuelle Verwahrlosung der nachwachsenden Generation. Die, die sich mit diesen Menschen auseinandersetzen, ihnen Perspektiven aufzeigen und ihnen Werte und Lebensziele vermitteln, sind leider immer noch eine Minderheit, und die, die etwas über sie oder für sie schreiben, werden oft als Exoten betrachtet.

Das vorliegende Buch wird hoffentlich nicht in eine dieser Ecken geschoben, denn der Autor schreibt aus der Praxis, bietet Hilfestellungen und spricht ein Thema an, das mehr Aufmerksamkeit in unserer Gesellschaft braucht. Hier wird nicht theoretisch lamentiert oder gut gemeinter Rat an falscher Stelle platziert. Hier kommen Tatsachen auf den Tisch, mit denen wir uns mehr und mehr auseinandersetzen müssen.

Vielleicht hält dieses Buch uns den Spiegel vor, in den wir alle einmal schauen müssen!

Bernd Siggelkow (Gründer und Leiter der Arche)
Berlin im Dezember 2009

Einleitung:
Warum ich dieses Buch schreibe

Es war Männerabend! Elf Jungs zwischen 14 und 17 Jahren konnten endlich mal einen Abend der Jugendfreizeit ohne die Mädels verbringen. Wir vier Mitarbeiter hatten uns echte Männeraktionen überlegt: Essen ohne Besteck und mit freiem Oberkörper, Rülpsen inklusive. Außerdem gingen wir in die Männersauna, grölten Fußballlieder und einige machten natürlich Witze über Frauen. Nach dem Essen versammelten wir uns im stinkenden Zimmer der Jungs, um darüber zu sprechen, was eigentlich männlich ist. Ich hatte beschlossen, zum ersten Mal auf einer Freizeit das Thema Pornografie anzusprechen. Ein Mitarbeiter und ich redeten über unsere Erfahrungen im Internet und darüber, wie schwer es uns fiel, den faszinierenden Bildern zu entgehen. Angespannte Stille herrschte während dieser Zeit im sonst immer lauten Jungenzimmer. Über dieses Thema hatten viele noch nie offen gesprochen, geschweige denn einen Erwachsenen darüber reden hören. Ich hatte zu diesem Zeitpunkt echte Sorgen, ob das Thema Pornos sie nicht überforderte oder wir vielleicht sogar mehr Lust machten, als sie zu sensibilisieren. Das änderte sich schlagartig, als der erste Junge anfing zu reden. Nennen wir ihn Kevin.[1] Kevin gehörte zu den braven Jungs. Mit 14 Jahren war er einer der Jüngsten auf unserer Frei-

---

[1] Alle Namen von Jugendlichen, die ich persönlich kenne, sind geändert.

zeit. Seine Eltern waren fromme Christen und das Thema Glauben war ihm wichtig. Jetzt berichtete er von nächtelangen Ausflügen auf Erotik-Seiten im Internet. Kevin hatte gespürt, dass ihm das nicht guttat, ekelte sich vor sich selbst und hatte Angst, entdeckt zu werden. Er redete leise und man spürte, es fiel ihm schwer. Nach einer Zeit des Schweigens berichteten auch andere Jungs Ähnliches. Es waren keine Heldengeschichten, niemand wusste so recht, wie er mit der Lust und dem Frust umgehen sollte.

Dieses Ereignis und viele weitere persönliche Gespräche und Begegnungen mit Männern verschiedenster Altersgruppen haben mir eins klar gemacht: Das Thema Pornografie ist aktuell wie nie. Aber irgendwie redet niemand darüber. Und wenn Männer über das Thema reden, dann klingt das eher so: „Haste schon das geile Video gesehen?" oder „Mann, was ich im Internet gesehen habe, das würde meine Freundin nie mit mir machen" oder „Meine Pornosammlung hat jetzt schon 20 Gigabyte." In diesem Buch will ich versuchen, ein bisschen niveauvoller und ehrlicher über dieses Thema nachzudenken. ☺

Ich schreibe dieses Buch, weil ich ein kleiner Experte auf dem Gebiet Pornografie bin. Das liegt aber nicht an meiner theologischen Ausbildung, meiner Arbeit als Jugendreferent oder meiner früheren Arbeit beim Fernsehen (nie im Pornobereich). Ich bin Experte, weil ich es selbst erlebt habe, wie es ist, nachts nicht schlafen zu gehen, sondern im Internet hängen zu bleiben. Ich kenne das Gefühl, dass man sich einerseits vor manchen Bildern ekelt und es doch nicht sein lässt. Einer der bittersten Momente meines Lebens war es, vor meiner Frau den

Pornokonsum einzugestehen. Zu dieser Erfahrung an anderer Stelle mehr.

Dieses Buch ist herausfordernd und persönlich. Herausfordernd, weil ich dir als Leser provozierende Fragen stellen werde. Vielleicht wirst du dich ärgern oder schlecht fühlen, aber das hält das Buch auf jeden Fall spannend. Es ist persönlich, weil ich mit diesem Buch meine schwache Seite zeige, die einige, die mich kennen, überraschen oder vielleicht sogar schockieren wird. Das Schreiben ist mir daher an vielen Stellen nicht leichtgefallen. Doch ich finde, ein Buch zum Thema Pornografie muss persönlich sein, weil der ermahnende Zeigefinger oder moralische Predigten hier nicht helfen würden.

Apropos „Predigten": Ich schreibe dieses Buch als Christ und aus meiner Erfahrung in der christlichen Jugendarbeit. Dass ich an Gott glaube, die Bibel ernst nehme und trotzdem – oder gerade deshalb – das Leben genieße, werde ich nicht verschweigen. Besonders in Kapitel sieben werden wir nach Aussagen zu Sexualität und Pornografie in der Bibel suchen.

Dieses Buch richtet sich an alle Betroffenen und an PartnerInnen oder Eltern von Betroffenen. Dabei ist die Religionszugehörigkeit erst einmal unwichtig. Vielleicht geht es dir ja wie mir, dass du im Glauben an Gott Hilfe und Kraft zur Problemlösung finden wirst. Übrigens gibt es einige Therapeuten ohne einen christlichen Hintergrund, die dem Glauben an eine höhere Macht, gerade bei der Lösung von sexuellen Abhängigkeiten, eine immer größere Bedeutung zuschreiben.

Vielleicht findest du Pornos bisher gar nicht so

schlimm oder siehst sogar Vorteile darin, sie anzuschauen. Dann freue ich mich besonders, dass du dieses Buch liest. Auf den nächsten Seiten versuche ich, durch persönliche Erfahrung, wissenschaftliche Fakten und gesellschaftliche Beobachtungen die Gefahren von Pornografie für Jugendliche und unsere gesamte Gesellschaft aufzuzeigen. Bitte lass dich darauf ein und stoß dich nicht an einzelnen Aussagen. Ich hoffe, dass du mitdenkst, meine Aussagen prüfst und deine eigenen Schlüsse ziehen wirst. Für Anregungen, andere Meinungen und Lob findest du hinten im Buch meine Mailadresse.

Ich bin kein Psychologe und deswegen ist dieses Buch nicht für Sexsüchtige geschrieben. Auch wenn Sexsüchtige vielleicht gute Hilfen und Impulse auf dem Weg aus der Sucht finden werden, erspart das Lesen nicht den Gang zur Selbsthilfegruppe oder zum Therapeuten. Die meisten betroffenen Jungs und Männer haben aber „nur" erste Anzeichen von sexsüchtigem Verhalten. Vielleicht hilft dieses Buch, „Schlimmeres" zu verhindern.

„Voll Porno" ist aus folgenden Gründen in erster Linie für Männer geschrieben:

1. Weil ich selbst ein Mann bin und von meinen Erfahrungen schreiben werde.
2. Weil immer noch knapp 90 Prozent[2] der Pornokonsumenten Männer sind.

---

[2] Wobei die Zahl der weiblichen Pornokonsumenten in den letzten Jahren gestiegen ist. Je nach Umfrage haben 10-20 Prozent der befragten Frauen im letzten Jahr Pornos konsumiert.

Wenn du dieses Buch liest – oder es sogar für viel Geld gekauft hast – und eine Frau bist, dann tut mir das wirklich leid. Bitte leg es beiseite. Es ist ein Männerbuch. ☺ Scherz! Nein, ganz im Gegenteil: Gerade Frauen können bei der Lektüre einiges über uns Männer lernen und wahrscheinlich sogar erkennen, dass unsere Sehnsüchte und Bedürfnisse gar nicht so unterschiedlich sind.

Es ist heute in Deutschland im Trend, „gegen" etwas zu sein. Menschen sind gegen: Staatsverschuldung, Atomkraftwerke, Armut, Politiker, fromme Christen, Kriegseinsätze oder Bayern München. Dagegen sein ist angesagt. Auch ich könnte einfach ein Buch gegen Pornos schreiben, wie es andere Christen schon getan haben. Aber das hier ist ganz bewusst ein Buch für „echte Kerle". Dieses Buch ist **für** die Würde von Männern und Frauen, **für** guten Sex, **für** Männer, die Verantwortung übernehmen, **für** heile Familien und Beziehungen. Weil ich für das alles bin, bin ich gegen Pornos.

Jetzt geht's los!
Lass dich darauf ein, hinter die Masken der Pornoindustrie, der Darsteller und der Betrachter zu schauen. Und vielleicht auch hinter deine eigene Maske!?

1. Generation Porno

„Voll Porno"

„Das ist ja voll Porno", ruft ein Jugendlicher, als er nach ein paar Tagen Jugendfreizeit auf einer Raststätte in einen Burger beißt. Auf meinen verdutzten Blick antwortet er mit vollem Mund: „Endlich wieder Fast-Food." Vielleicht geht es dir genauso wie mir, dass ich nicht kapiert habe, was Fast Food mit dem Thema dieses Buches zu tun hat.

Porno scheint nicht mehr nur ein Substantiv zu sein, sondern es kann nun auch als Adjektiv eingesetzt werden. Vielleicht finden wir im Duden bald folgenden neuen Eintrag: *„porno adj Jugendsprache für: cool, abgefahren, super".*

Dabei ist der Ursprung des Wortes nicht so super. Der Begriff „Pornografie" kommt aus dem Griechischen: *Porné = Hure*[3] und *graphein = schreiben, beschreiben.*

Pornographos bedeutet also wörtlich „über Huren schreibend".

Zum Vergleich kommt der Begriff Erotik[4] von dem griechischen Wort: *eros = Liebe.*

Hier zeigt sich schon in den Wortursprüngen eine problematische Erkenntnis: **Pornos haben nichts mit Liebe zu tun.** Dieser Aussage stimmen sicher die meisten Menschen zu. Das Problem ist: Es geht

---

[3] Hure ist ein anderes Wort für Prostituierte. Wikipedia definiert Prostitution zurzeit als „die Vornahme sexueller Handlungen gegen Entgelt".

[4] Erotik bezeichnet die sinnlich-geistige Zuneigung, die ein Mensch einem anderen entgegenbringt (Wikipedia)

in Pornos um Sex und der hat – meiner Meinung nach – sehr viel mit Liebe zu tun. Caspar, 14 Jahre alt, macht es sich einfach und sagt: „Porno ist Porno und Liebe ist Liebe, das sind für mich zwei verschiedene Sachen."[5]

Ich denke, Caspar macht es sich da etwas zu leicht.

Der Duden findet folgende Definition: *„Pornografie, die Darstellung geschlechtlicher Vorgänge unter einseitiger Betonung des genitalen Bereichs und unter Ausklammerung der psychischen und partnerschaftlichen Gesichtspunkte der Sexualität."*[6]

Zwischenfrage: Was denkst du, wozu wird Sex, wenn man psychische und partnerschaftliche Gesichtspunkte weglässt?

Schwierig ist in der Praxis die Abgrenzung zwischen Erotik und Pornografie. Denn vieles, was als Erotik beschrieben wird, hat nichts mit Liebe und auch nichts mit Partnerschaft zu tun. Wenn sich Frauen für ein Werbeplakat nackt fotografieren lassen und dafür Geld bekommen, dann gibt es keinen Zusammenhang zu Liebe oder Partnerschaft. Wenn sich meine Frau dagegen nackt fotografieren lässt und mir diese Fotos schenkt, dann hat das sehr viel mit Liebe zu tun. Deswegen geht für mich die Duden-Definition nicht weit genug. Auch wenn Menschen sich nur nackt darstellen, um andere (zu denen sie keine Partnerschaft haben) sexuell zu erregen, ist das für mich Pornografie.

Übrigens dürfte das Thema Jugendliche und Pornografie rein rechtlich gar kein Thema sein, denn § 184 StGB stellt die Weitergabe und sogar das Zu-

---

[5] Zeit Wissen April 2009
[6] Duden 1982: Pornographie.

gänglichmachen von pornografischem Material an Minderjährige unter Strafe.

> Halten wir fest: „Porno" ist zwar in der Jugendsprache eine Umschreibung für eine coole Sache, aber Porno bedeutet eigentlich Sex und sexuelle Darstellung ohne Partnerschaft und Liebe.

DAS SAGEN DIE FAKTEN

Bei meiner Recherche zu dem Thema bin ich auf sehr viele Statistiken und Zahlen gestoßen. Leider sind nur sehr wenige Umfragen und Studien repräsentativ oder wissenschaftlich anerkannt. Hier eine Auswahl von statistischen Ergebnissen, die mir seriös und wichtig erschienen:

- 42 % der befragten Erwachsenen räumten ein, dass sie sich unsicher fühlten, weil ihr Partner pornografisches Material konsumiert.[7]
- 90 % der Jungen und 35% der Mädchen im Alter von 14-17 Jahren gaben an, gelegentlich Pornos zu schauen.[8]
- Nur 16 % der Eltern von Jugendlichen, die Pornos gesehen haben, wussten davon.[9]
- Die Porno Branche setzt weltweit circa 40 Milliarden Euro um. Das ist so viel, wie der komplette Internethandel in Deutschland umsetzt.[10]

---

[7] *Marriage Related Research, Mark A. Yarhouse, Psy.D. Christian Counseling Today 2004, Vol. 12, No. 1*
[8] Studie Sorensen 2004
[9] Livington, englische Studie „UK children go online"
[10] Schirrmacher, Internetpornografie S. 20

Es gibt 260 Millionen rein pornografische Internetseiten.[11]

- 75 % der befragten Jungen sind aus Versehen schon mehrfach auf pornografische Internetseiten gestoßen.[12]
- 37 % der Pastoren in den USA sagen, dass Porno-Webseiten für sie ein ständiges Problem sind.[13]
- Eine kanadische Studie fand einen Zusammenhang zwischen häufigem Pornokonsum bei Jungen und der Überzeugung, ein Mädchen zum Sex zu zwingen sei akzeptabel.[14]
- Für Jungs findet der erste Kontakt mit Pornografie durchschnittlich im Alter von 12 Jahren statt.[15]
- Ein Drittel der männlichen Teilnehmer einer Online-Umfrage gaben an, täglich Pornos zu konsumieren. Bei den Frauen waren es acht Prozent.[16]

Das Fazit dieser Fakten fasste der Sexualwissenschaftler Dr. Pastötter im Pro-Sieben-Sexualreport treffend zusammen: „Pornografie hat aufgehört, ein Nischen- oder Randphänomen zu sein. Sie ist längst in der Mitte der Gesellschaft angekommen und hat Einfluss auf unser Denken und unser Verhalten im Bereich der Sexualität."

---

[11] Studie USA Justitzministerium 2006 nach Schirrmacher Internetpornographie
[12] Studie Australien Floof 2007 nach Schirrmacher Internetpornographie
[13] Christianity Today: Leadership Survey (Online Quelle).
[14] Zeit Wissen April 2009
[15] Budford: A guide for parents
[16] Pro Sieben Sexstudie 2008, Artikel dpa 19.09.2008

DAS SAGEN DIE EXPERTEN ...

Statistiken berühren mich ehrlich gesagt nicht so sehr wie Aussagen von Jugendlichen und jungen Männern. Lest selbst:

- „In meiner Klasse hat, glaube ich, jeder schon mal einen Porno gesehen. Jetzt sind Pornos in der Schule etwas ganz Alltägliches."[17] (Coco, 13)

- „Früher, als es das Internet noch nicht gab, war man auf ein paar Mädchen beschränkt. Jetzt kann man sie auf der ganzen Welt suchen und mit ihnen machen, worauf man Lust hat."[18] (Derrel, 17)

- „Obwohl ich sie widerlich fand, kam ich irgendwie nicht davon los. Tief in mir fühlte ich, dass es falsch war, etwas perverses. Aber um ehrlich zu sein, ich wollte mehr davon sehen."[19] (Tom, 16)

- „Ich sehe mir fast jeden Tag drei bis vier Stunden pornografische Bilder und Videos an."[20] (Malcom, 17)

- „Jungs, die viel Pornos gucken, haben Sex nach einem bestimmten Muster, wie nach einem Drehbuch."[21] (Tessa)

- „Ich hatte mal ein Bild von einer nackten Frau auf dem Handy, das hat ein Mädchen gesehen, und die fand das ekelhaft."[22] (Bryan, 13)

- „Ich finde es ziemlich erstaunlich, dass Frauen überhaupt in Pornofilmen mitspielen, obwohl

---

[17] Zeit Wissen April 2009
[18] BBC Reportage 2007
[19] ebd.
[20] ebd.
[21] Fossberg, For Boys only S. 144
[22] Zeit Wissen April 2009

das bestimmt nicht gut für sie ist."[23] (Caspar, 14)

- „Nach dem Konsum von Pornos fühle ich mich zum einen schlecht, zum anderen überhaupt nicht befriedigt, im Grunde hab ich sogar Ekel vor mir selbst."[24] (David, 17)
- „Als mein Pornokonsum zeitweise mehrmals pro Tag war, konnte ich nicht mehr auf die Straße gehen, ohne jeder Frau ausschließlich auf die Oberweite oder den Hintern zu gucken."[25] (Felix, 24)
- „Mein Bruder und ich schauten auch mal in der History des Browsers nach, auf welchen Seiten meine Mutter und ihr Lover gewesen waren. So haben wir uns schon mit ungefähr 10 Jahren die ganzen Sexseiten angeguckt. War voll geil."[26] (Hendrik, 18)

DAS SAGEN WISSENSCHAFTLER UND PSYCHOLOGEN:

- „Auf jedes Pornovideo gehört ein Aufkleber und vor jeden pornografischen Internetclip eine Warnung: ‚Das Betrachten von Pornografie kann ihrer sexuellen Gesundheit erheblichen Schaden zufügen.'[27] Dr. Pastötter, Präsident der deutschen Gesellschaft für Sexualforschung.
- „Wir wissen heute, dass mediale Darstellungen unsere Einstellungen – etwa zu Gewalt oder zu Sexualität beeinflussen." Mediensoziologe Michael Schetsche.

---

[23] ebd.
[24] Privater Erfahrungsbericht. Name geändert
[25] ebd.
[26] Siggelkow, Deutschlands sexuelle Tragödie S. 37
[27] Zeit Wissen April 2009

- „Die Welt unserer Kinder ist voll mit suggestiven Bildern, die stark sexuell aufgeladen sind. Allein sind sie völlig überfordert mit dieser medialen Realität aus MTV, stark sexualisierter Werbung und harter Pornografie."[28] Laszio Pota, Vizepräsident des Berufsverbandes deutscher Psychologen.
- „Die intensive Nutzung pornografischer Medienangebote steigert die selbst zugegebene Vergewaltigungsbereitschaft von Männern."[29] Dolf Zillmann, Medienpsychologe.
- „Der eigentliche Boom im Bereich Pornografie liegt noch vor uns."[30] Prof. Dr. Schirrmacher, Religionsoziologe und Ethiker.
- „Dieser freie Zugang zu Hardcore-Pornos ist eine tickende Zeitbombe. Ich kann mir die Folgen noch gar nicht ausdenken. Aber ich vermute, dass Sexualität immer mehr entwertet wird."[31] Francis Amaleus, Sexualtherapeutin.

UND JETZT ...

Was lösen diese ganzen Fakten und Meinungen bei dir aus? Es gibt vier Optionen:

A: Ich bin total geschockt, wie sehr Pornos verbreitet sind und wie sehr das unser Leben beeinflusst.
B: Ich bin beruhigt, dass mein Pornokonsum ganz normal ist und ich im Durchschnitt liege.

---

[28] Interview Stern Artikel 6/2007
[29] Zillmann: Lehrbuch der Medienpsychologie 2004
[30] Zitat aus Interview Schirrmacher pro 3/2007
[31] BBC Doku 2007

C: Ich glaube keinen Statistiken und Experten. Das beeindruckt mich alles gar nicht. Wo ist das Problem bei ein bisschen Porno?

D: Einige Aussagen machen mich nachdenklich und decken sich mit meinen Erfahrungen.

Wie fühlst du dich am ehesten: A, B, C oder D?

Pornografie ist ein Thema in unserer Gesellschaft. Ich behaupte, für fast alle jungen Männer gehören Pornos zum Aufwachsen dazu. Das ist ehrlich gesagt nicht ganz neu. Schon Studien Anfang der neunziger Jahre zeigen, dass junge Männer Pornos konsumieren. Doch gerade in den vergangenen Jahren hat sich einiges verändert. Zum einen ist es durch das Internet wesentlich einfacher geworden, Zugang zu Pornos zu bekommen. Musste man früher Zeitschriften klauen oder sich in Videotheken schleichen, ist das sexuelle Material aus dem Netz heute ganz schnell im Kinderzimmer, Büro oder Schlafzimmer. Dadurch sinkt das Einstiegsalter. Zum anderen hat die Härte der Pornos in den letzten Jahren deutlich zugenommen. Außerdem lässt sich besonders bei Jungs ein Gruppendruck erkennen: „Was, du hast noch keinen Porno geguckt, bist du schwul oder was?" oder „Echte Männer schauen Pornos." Noch dazu kommen Rapper wie Bushido oder Sido, die mit Texten, in denen Massenvergewaltigungen verherrlicht werden, in den Kinder- und Jugendzimmern präsent sind – Textauszüge erspare ich uns.

Für mich stellen sich nach dieser ersten Bestandsaufnahme viele neue Fragen:

⇨ Wie prägen Pornos unser Frauenbild?
⇨ Was ist eigentlich mit den Darstellern: Macht denen das Spaß?
⇨ Wie wird man eigentlich ein echter Mann?
⇨ Brauchen Männer eigentlich Pornos? Wohin sollen sie denn sonst mit ihrem Trieb?
⇨ Wieso genau konsumieren wir eigentlich Pornos?
⇨ Welche Rolle spielt der christliche Glaube dabei? Kann die Bibel Hilfen geben?
⇨ Gibt es Wege, wie man weniger oder keine Pornos konsumieren kann?
⇨ Wie kann ich meinem Partner, meinem Kind helfen?

Diese Fragen bewegen mich und – ich glaube – auch viele andere Vertreter der großen „Generation Porno". Deswegen habe ich jeder dieser Fragen ein Kapitel gewidmet. „Voll Porno", oder?

2. Traumberuf: Pornostar?

In den letzten Jahren sind einige Bücher zum Thema Pornografie erschienen. Des Weiteren häufen sich kritische Medienberichte, auch Webseiten und Selbsthilfegruppen für Pornonutzer, die aussteigen wollen, sind entstanden. Die Opferrolle scheint für die meisten Autoren glasklar zu sein. Der sexsüchtige User vorm PC, der verführte Ehemann oder der arme 15-jährige Junge mit Pornos auf seinem Handy, sie alle sind Opfer der Generation Porno. Nur selten stellt jemand die Frage: „Was ist mit den Darstellern und Darstellerinnen? Sind sie vielleicht auch Opfer?" In den Medien werden Pornoschauspieler sogar als Stars dargestellt. Bernd Siggelkow, Leiter der sozialen Einrichtung Arche in Berlin, beschreibt, dass manche Jugendliche als Berufsziel tatsächlich „Pornodarsteller" angeben.

DIE PORNOINDUSTRIE

Warum gibt es Pornos?
Die Antwort lautet: Geld!
Pornografie ist an erster Stelle Kommerz. Pornos werden produziert, um Geld zu verdienen. Es ist ein knallharter Markt, in dem verschiedenste Anbieter und Produzenten um den Kunden kämpfen. Dabei wird das meiste Geld immer noch mit dem Verkauf von Videos und DVDs umgesetzt. Das Internet bringt pro gesehenem Video deutlich weniger Gewinn. Die Industrie setzt hier also auf Masse, effektive Filter für Minderjährige würden bei diesem Plan nur stö-

ren. Die Dimensionen der Pornoindustrie sind enorm: Circa 40 Milliarden Euro setzt sie jährlich weltweit um. Auch Deutschland bietet einen riesigen Markt. „Deutschland liegt, was die Zahl der Einzelseiten mit Pornografie und was die Zahl der produzierten Sexfilme betrifft, nach den USA auf Platz zwei."[32] Bei alledem wird vermutet, dass ein großer Teil der Industrie von der Mafia kontrolliert wird. Pornografie gilt als der sich am stärksten ausbreitende Wirtschaftszweig des organisierten Verbrechens. Dabei schreckt die Mafia weder vor Kinderpornografie noch vor Menschenhandel zurück.[33] So werden viele Pornos in osteuropäischen oder asiatischen Ländern hergestellt, in denen oft noch minderjährige Darsteller für wenig Geld angeworben werden. Geködert werden sie mit dem Versprechen auf eine große Karriere oder einem Leben im reichen Westen.

Mit der Hoffung aufs „Berühmtwerden" arbeitet auch die Modelszene. Der Schritt vom Model zum Pornodarsteller ist oft nicht weit. „Viele Frauen kommen zur Pornoindustrie durch die Arbeit als Fotomodell oder die Teilnahme an Schönheitswettbewerben."[34]

Der Doku-Film „9 to 5" gewährt einen ehrlichen Einblick hinter die Kulissen. Regisseur Jens Hoffmann beobachtet: „So ein junges Mädchen lässt oft alles mit sich machen, was der Regisseur von ihr verlangt, egal wie weit es geht. Und dann ist sie ziemlich schnell verbraucht und packt das auch psychisch nicht mehr so ganz." In dem Film kommt

---

[32] Schirrmacher, Internetpornographie S. 20
[33] Nach Short, Martin: Crime Inc. In Schirrmacher, Internetpornographie.
[34] Bremme, Sexualität im Zerrspiegel. In Schirrmacher, Internetpornographie

auch die Deutsche Katja Kessin vor. Sie suchte nach einer Möglichkeit, ihr Studium in den USA zu finanzieren und landete in der Sex-Industrie. Sie berichtet: „Es interessiert keinen, ob du 18 Jahre alt bist und ob dir das wehtut."[35]

Denn das Geschäft mit der Ware Sex boomt. Dass es sich bei den Darstellern um Wesen wie dich und mich handelt, wird allzu oft vergessen.

MENSCHEN ODER PORNOPUPPEN!?

„Keine von uns frisch gefärbten Blondinen macht Pornografie gerne. Tatsächlich hassen wir es. Wir hassen es, von Fremden angefasst zu werden, denen nichts an uns liegt. Wir hassen es, durch ihre stinkenden und schwitzenden Körper erniedrigt zu werden. Einige Frauen hassen es so sehr, dass man hören kann, wie sie sich in den Drehpausen auf der Toilette übergeben"[36], schreibt Shelly Lubben, eine ehemalige Pornodarstellerin.

„Ich war keine freiwillige Teilnehmerin. Ich war ein Opfer dieses Films. Immer wenn mich jemand in diesem Film sieht, sieht er, wie ich vergewaltigt werde"[37], sagt Linda Lovelace, Darstellerin in einem der meistverkauften Pornos überhaupt.

„Haschisch gab mir die Möglichkeit, mich vor einer Sex-Szene zu entspannen. Es hat mir geholfen, auf Null zu kommen, ruhig zu werden und Schauspieler für diesen Tag zu sein. Es war ein Zeichen der

---

[35] Zitate aus NDR 3 Bericht über den Film 9 to 5 von Jens Hoffmann http://www3.ndr.de/sendungen/kulturjournal/archiv/film_und_fotografie/kjporn100.html

[36] Artikel Idea Spektrum 2007

[37] Roth, Sexsucht S. 46

Fürsorge, den Mädchen Kokain zu geben"[38], berichtet der Pornodarsteller John Johnsohn.

Die Pornoproduzenten selbst machen aus ihrer Menschenfeindlichkeit kein Geheimnis: Der Pornoproduzent Gian Carlo Scasi berichtet im „Stern": „Amateure kommen viel besser rüber. Das spüren unsere Kunden. Bei den Frauen, da sieht man: Die haben noch richtige Schmerzen."[39]

Und noch einmal zitiere ich Shelly Lubben: „Du ziehst dich zurück und versteckst dich. Du sagst: ‚Ich bin nicht hier!' Das hier ist schlecht. Ich hab total abgeschaltet und wurde zu einem Zombie mit Namen Roxy. Es war, als hätte ich eine unsichtbare Kugel im Mund, auf die ich gebissen habe, weil es so wehgetan hat."[40] Lubben berichtet weiter, dass viele Darsteller alkohol- oder drogenabhängig sind und als Kind selbst sexuell missbraucht wurden. Der Sexualtherapeut Cornelius Roth bestätigt diese Aussage über Sexarbeiter: „Vorwiegend aufgewachsen mit Armut, Gewalt und Verwahrlosung, früh in ihrer sexuellen Entwicklung verletzt, betäuben die Betroffenen ihren Schmerz oft mit Alkohol und Drogen. Bei einer Untersuchung von Stripperinnen wurden bei 90 Prozent gravierende Persönlichkeitsstörungen und bei 60 Prozent schwere Depressionen festgestellt."[41]

---

[38] Zitat aus dem Film von Loveismore.de
[39] Stern 6/2007
[40] Zitat aus dem Film von Loveismore.de
[41] Roth, Sexsucht

DU, ICH UND DIE PORNOSTARS

Was empfindest du, wenn du das liest?

Wie geht es dir bei der Vorstellung, dass du dich an Bildern und Videos aufgeilst, bei denen Menschen eigentlich leiden?

Wie geht es dir bei dem Gedanken, dass Pornodarsteller zutiefst bedürftige und oft psychisch kranke Menschen sind?

Ich gebe zu, dass ich dich hier vielleicht provoziere. Aber mich treffen diese Berichte. Mich trifft die Erkenntnis, dass ich mich an Menschen aufgegeilt habe, die eigentlich meine Liebe und Zuwendung bräuchten. Mir ist es nicht egal, dass Menschen dafür leiden, damit ich ein paar Minuten Spaß habe. Und mir wird wieder mal bewusst, dass das, was wir in Pornos sehen, nichts mit echtem Sex zu tun hat. Es ist ein Schauspiel, das uns vormacht, so würde Sex sein. Die Darstellerin, die ich mir ansehe, ist ein Mensch.

Genauso, wie die Pornodarsteller Verantwortung übernehmen, wenn sie Pornos drehen, übernehme ich Verantwortung, wenn ich Pornos konsumiere. Ich unterstütze damit ein System, ein Menschenbild, eine Industrie.

Was wäre, wenn die eben noch stöhnende Pornodarstellerin auf einmal weinend vor dir stehen würde? Wenn sie dir ihre Geschichte vom sexuellen Missbrauch durch ihren Onkel und von ihrer Alkoholsucht erzählen würde. Dabei hätte sie ihren dreijährigen Sohn, der das Ergebnis eines Pornodrehs war, auf dem Arm. Was wäre dann? Wäre dann noch was los in deiner Hose? Bei mir sicher nicht.

JA ... ABER!

Ich höre sie schon, die „Ja ... aber".

Ja, aber kann nicht jeder Mensch frei entscheiden, ob er Pornodarsteller wird?
Es ist richtig, die meisten Menschen können das selbst entscheiden. Deswegen sind Pornodarsteller immer auch Täter. Wenn sich kein Schauspieler für diese Filme finden würde, dann gäbe es sie auch nicht. Aber sie sind nicht nur Täter, sondern auch Opfer. Zudem sind viele Darsteller psychisch oder durch den Druck der teils kriminellen Produzenten wirklich nicht mehr in der Lage, ohne fremde Hilfe aus der Branche rauszukommen.

Ja, aber kann ich mir dann nicht Pornos von Leuten anschauen, die das Ganze als private Amateure selbst ins Netz gestellt haben?
Gegenfrage: Ist es besser, giftige Pilze von einer netten Bio-Marktfrau zu kaufen oder vom kriminellen Großhändler, bei dem ich weiß, dass er seine Mitarbeiter ausbeutet?

Ja, wenn das mit der Ausbeutung der Darsteller das einzige Argument gegen Pornos wäre, dann wäre das mit den privaten Videos schon mal besser. Aber selbst dabei weißt du nie, ob beide Partner wollen, dass das Video online ist. Es ist heutzutage zum Beispiel extrem schwierig, Videos wieder aus dem Netz zu löschen. Und auch wenn beide etwas exhibitionistisch veranlagt sind, weißt du nicht, welche psychischen Probleme[42] hinter so einem Verhalten

---

[42] Ich sage nicht, dass alle Hobbydarsteller in Pornos psychische Probleme haben. Man weiß es aber nicht.

stehen. Außerdem gibt es noch ein paar andere Argumente, warum Mann auch ohne Pornos glücklich
sein kann.

*Ja, aber ich glaube nicht, dass das bei allen Pornos
so ist!*
Das glaube ich auch nicht. Aber weißt du, bei welchen es nicht so ist? Weißt du, wer die Darsteller
sind? Ich denke nicht.

Dieses Kapitel sollte uns alle nachdenklich machen.
Aber es geht nicht darum, dass wir uns nun in Selbst-
vorwürfen oder Selbsthass üben. Ich glaube, es gibt
Lösungen und neue Anfänge. Einfach weiterlesen.

3. Die Würde der Frau ist antastbar – wie Pornos das Frauenbild prägen

„Immer willig, immer geil und nie müde" ... das ist ein Teil des Frauenbildes, das in Pornos vermittelt wird. An alle jungen Leser, die noch keine sexuelle Erfahrung gemacht haben, ich muss euch leider enttäuschen: Das ist nicht die Realität, wie Frauen sind. Viele Männer und auch Frauen selbst bestätigen: Oft hat Frau nicht dann Lust, wenn man(n) sie hat. Und das ist auch vollkommen in Ordnung. In der Partnerschaft darf man lernen, über sexuelle Bedürfnisse offen zu reden und liebevolle Kompromisse zu finden.

Das Bild der Pornos hingegen versetzt uns in eine Scheinwelt, die oft eine große Erwartungshaltung an Frauen mitbringt. Auch wenn wohl kaum ein Mann sagen würde: „Hör mal, die in den Pornos wollen aber öfters." Pornografie prägt unser Bild von Sexualität und von Frauen. Dies kann sowohl zu schweren Problemen im Bereich „Sex in der Partnerschaft" als auch im normalen bzw. freundschaftlichen Umgang führen.

Spätestens wenn du dir die Frage stellst: „Warum heißen eigentlich alle Frauen mit Nachnamen „.jpg?", dann solltest du dir über dein Frauenbild Gedanken machen. ☺

LUSTSKLAVINNEN

Ich habe nicht alles gesehen, was es im Bereich Pornografie geben soll. Doch in einem Großteil der

Pornos werden Frauen als Lustsklavinnen der Männer gezeigt. Der Sex scheint den Darstellerinnen immer und in jeder Stellung Spaß zu machen. Dass dies meist nicht so ist, haben wir in Kapitel zwei lesen können. Oft sind die gezeigten Stellungen und Handlungen für die Frauen erniedrigend und teils sogar schmerzhaft.

Schon allein das „nackt zeigen" ist oft eine Überwindung. Das Erleben eines Orgasmus beschreiben viele Frauen als etwas sehr Intimes. Oft haben sie beim Sex nur einen Orgasmus, wenn sie sich sicher fühlen und dem Partner vertrauen können. Jegliche Intimität, jeglicher Schutzrahmen und jegliche Schamgrenzen fehlen bei den meisten Pornos.

Ein 16-jähriger Junge beschreibt es so: „Eigentlich können einem die Frauen in den Filmen tierisch leidtun, aber das Perverse ist, dass einem das egal ist und man es trotzdem guckt."[43]

DAS SCHÖNHEITSBILD DER PORNOS

68 Prozent der Frauen finden sich nicht schön.[44] Da frage ich mich, was ist eigentlich „schön"? Viele Jahrhunderte lang war es schick, blass zu sein. Blässe galt als Zeichen, dass man nicht draußen auf dem Feld arbeiten musste, sondern zur Elite gehörte. In vielen arabischen Ländern sind es noch heute Frauen mit Speck an den Hüften, die als perfekte Frau gelten. Wen findest du schön? Und woher kommt dein Schönheitsideal?

Unser Schönheitsbild wird immer durch die Gesell-

---

[43] Boys only S. 78
[44] © Statista.org 2008 Quelle: Healthy Living

schaft, durch Medien und unsere Clique geprägt. Das heißt, auch Pornos prägen unser Schönheitsideal. Die großbusige, junge, schlanke Frau wird zum Idealbild der Sexualpartnerin. Natürlich kann man das nicht pauschal sagen, denn man findet im Internet wohl alle Typen Frau. Dennoch: Bilder von pickeligen, dicken und flachbrüstigen Frauen sind selten. Achtung: Ich befürworte nicht, dass es mehr Pornos mit solchen Frauen geben sollte.

Zudem werden pornografische Bilder meist retuschiert oder die Darstellerinnen haben ihre Brüste medizinisch vergrößern lassen.

Ich frage mich, wie stark diese Bilder unsere Generation beeinflussen? Mit solchen Bildern im Kopf wird der – ohnehin schon schwere – Versuch, eine geeignete Partnerin fürs Leben zu finden, wohl hart werden. Die Realität ist nun mal, dass 90 Prozent der Frauen nicht dem „Schönheitsideal" entsprechen. Nun bleibt dem jungen Mann mit „Pornoprägung" entweder die Suche nach dem Ideal oder das Abfinden mit einem „Kompromiss". Beides fällt vermutlich nicht leicht. Und selbst wenn die „ideale" Frau gefunden wurde, so wird auch diese mit den Jahren älter und meist auch runder (allerdings nicht an der Brust). Was macht man dann?

Wenn man mit dem Kompromiss nicht leben will, dann bleibt meistens nur noch die „Wertstoffrückgabe", auch Trennung oder Scheidung genannt. Im Porno wird die Frau auf ihren Körper und ihre Sexwilligkeit reduziert. Intelligenz, Liebenswürdigkeit, gemeinsame Interessen, Treue, Ehrlichkeit, ... bleiben unwichtig.

Wann ist eine Frau schön? Klar muss ich meine

Partnerin auch sexuell anziehend finden, aber wenn das die gemeinsame Basis ist, dann wird es wohl nicht für eine gemeinsame Zukunft reichen. Viele Frauen erzählen, dass ihre große Lebensfrage ist: „Bin ich schön?" Denken wir an die 68 Prozent der Frauen, die sich nicht schön finden. Was vermitteln wir ihnen, wenn wir mit dem „Pornoideal" im Kopf durch die Gegend laufen: „Du genügst nicht!" „Du bist nett, aber deine Brust, na ja!", „Ja du siehst nicht schlecht aus, aber ...!"

Zurück bleiben unzufriedene Männer und verletzte Frauen.

DIE BETROGENE FRAU

Es tat weh. Ich saß da und heulte. Ich schlug meinen Kopf gegen die Schreibtischplatte. Mein Kopf tat kaum weh, weil die Schmerzen in meinem Herz stärker waren. Es fällt mir schwer, darüber zu schreiben, und es ist einer der „bescheuertsten" Momente in meinem Leben. Ich hatte pornografische Bilder im Internet angeschaut. Und das, obwohl ich mir fest vorgenommen hatte, es sein zu lassen. Jetzt war es wieder passiert und ich wusste, ich muss es ihr sagen. Ich wusste, ich würde sie damit wieder verletzen. Sie, die Frau, die ich liebe und mit der ich alt werden möchte. Das letzte Mal hatte meine Frau toll und liebevoll reagiert, aber sie war entsetzt und verletzt. Sie hatte sich in den Wochen danach zurückgezogen und musste erst neues Vertrauen aufbauen.

Der bewusste Konsum von Pornografie – verbunden mit Masturbation – ist immer Betrug an meiner

Partnerin. Sie will und soll die Einzige sein, die ich begehre. Sexualität ist etwas Persönliches und Intimes. In dem Moment, in dem ich andere Frauen begehre und dabei meine Sexualität alleine auslebe, entferne ich mich von meiner Partnerin.

Wenn ich immer wieder sabbernd vor einem Porsche stehe und in Gedanken 500 km/h mit ihm fahre, dann werde ich in meinen Polo nicht mehr so gerne einsteigen. Ich werde beim Fahren mit dem Polo an den Porsche denken und immer mehr rummeckern. Doch ein Porsche fährt keine 500 km/h und ist für dich unbezahlbar. Und es geht hier nicht um die Gefühle eines ungeliebten Polos, sondern um etwas viel Wertvolleres: verletzliche Frauenherzen. Eine betrogene Frau schreibt: „Ich fühlte mich aber auch ganz zerrissen. Einerseits wusste ich, dass die ganze Sache wirklich ein Problem meines Mannes war. Andererseits war es aber auch ganz real mein, unser beider Problem, denn schließlich waren wir ja verheiratet und schliefen miteinander." Weiter schreibt sie: „Für mich äußerte sich die Hilflosigkeit und Ohnmacht über die Jahre hinweg in einem Gefühl von Einsamkeit."[45]

Pornos sind nicht die Realität und sie beeinflussen unsere Partnerschaft.

Ich gehe sogar noch weiter und sage, wenn ich noch kein Auto habe und immer sabbernd vor einem Porsche stehe und mir wünsche, 500 km/h zu fahren, und dann einen Polo bekomme. Werde ich dann den Polo lieben und mit ihm zufrieden sein? Nein, auch dann werde ich bald wieder von 500 km/h und dem Porsche träumen. Und der Polo wird sich

---

[45] Delling, Sexter Sinn S. 75 und S. 72

schnell wieder ausrangiert und wertlos fühlen. Das heißt für mich: Pornos sind sogar Betrug an meiner zukünftigen Partnerin. Wenn ich mit Pornoidealen und Bildern in meinem Kopf in eine Partnerschaft gehe, dann wird das meine Beziehung prägen. Und allein die Tatsache, dass Männer auch Sex ohne Liebe erregt, schreckt viele Frauen ab.

GOTT UND DIE FRAUEN

Bei diesem Thema kommt für mich auch der Glaube ins Spiel. Die Bibel wird ja oft als ein machohaftes Buch ausgelegt, das angeblich Frauen weniger Wert zumisst. Feministische Organisationen werfen Christen immer wieder Unterdrückung und Sexismus vor. Dabei ist die Botschaft – besonders des Neuen Testamentes – eine ganz andere. „Liebt eure Frauen, so wie Jesus die Gemeinde geliebt hat"(Epheser 5,25). Das klingt harmlos. Aber was heißt denn „wie Jesus seine Gemeinde (also die Jünger und alle Christen nach ihnen) geliebt hat?" Liebe bei Jesus, das heißt, Füße zu waschen, das heißt, zu verzichten, das heißt, bereit zu sein, aus Liebe bis in den Tod zu gehen. Das ist krass! Wärst du bereit, für deine Frau einen grausamen Tod zu erleiden? Nicht zu schnell antworten. Schau mal kurz aus dem Buch auf und denk darüber nach! Würdest du für die Rettung deiner Partnerin – oder zukünftigen Partnerin – in den Tod gehen? Wenn du jetzt JA gesagt hast, dann frage ich dich, warum bist du nicht bereit, keine Pornos mehr anzuschauen und keinen Frauen mehr tief in die zwei Augen unterm Kinn zu schauen!? Ich weiß, ich provoziere hier, aber die Bibel tut es auch.

Jesus ist für mein Leben ein Vorbild. Es gibt viele Geschichten in der Bibel, in denen er Frauen, die in der damaligen Gesellschaft kaum Würde und Respekt bekamen, annimmt und wertschätzt.[46] Die Bibel spricht nicht von der schnellen egoistischen Befriedigung, sie spricht von einer Liebe, die bereit ist zu verzichten, zu ehren, Würde zu geben und bei der Gott einem helfen will. Könnte es sein, dass wir von dem alten Buch noch etwas lernen können!?

Mein Fazit: Die Würde der Frau ist nicht „begrapschbar", nicht „begaffbar". Frauen sind keine Wixvorlagen, keine immer geilen Schlampen oder unterwürfige Sexsklavinnen. Frauen sind von Gott wunderbar und wunderschön erdachte Geschöpfe, die uns Männer ergänzen, denen wir als Männer dienen sollen und die unseren tiefsten Respekt verdienen und brauchen. Außerdem hat Gott sie so sexuell anziehend gemacht, damit wir zusammen in einer festen Beziehung erfüllte Sexualität ausleben können. Und zwar dann, wenn beide es wollen.

Die nächsten beiden Kapitel mag ich sehr gerne. Männer, es geht um uns.

---

[46] z.B: Mt 5,32; Mt 9,20; Mt 26,7f; Joh 4,9; Joh 8,5; Joh 19,26

4. Wann ist ein Mann ein Mann?[47]

MÄNNER!

Männer! Es gibt ungefähr *3,4 Milliarden Männer*[48] auf dieser Welt: Dicke, dünne, ganz junge, uralte, Vergewaltiger, Mönche, Friedensnobelpreisträger, Selbstmordattentäter, liebevolle Väter, reine Karrieretypen, depressive, Clowns (und auch viele depressive Clowns), Milliardäre, Sklaven, weiße, gelbe, schwarze, homosexuelle, heterosexuelle, frisch verliebte, Selbstmörder, schlaue, nicht so schlaue, gläubige, Atheisten, ...

Sind alle *3,4 Milliarden* Männer gleich? Sind alle Männer Schweine, wie die Ärzte es singen? Und wollen Männer alle nur das eine? Und ist „das eine" Sex?

Wenn wir Männer und ihre Lust verstehen wollen, kommen wir an dem Thema Männlichkeit nicht vorbei. Übrigens lege ich mich mit diesem Kapitel eventuell mit Feministinnen an. Ich bin ein absoluter Fan von Gleichberechtigung und glaube nicht, dass ein Geschlecht besser ist als das andere. Aber ich glaube, dass Männer und Frauen von Geburt an und durch die Erziehung unterschiedlich sind.

---

[47] Einige Einsichten und Begriffe in diesem Kapitel sind dem Buch „Der ungezähmte Mann" von John Eldredge zu verdanken.

[48] Quelle Deutsche Stiftung Weltbevölkerung. Genau sind es 3.360.743.000

WANN IST EIN MANN EIN MANN?

Eine Frage: Welcher Mann, den du kennst, entspricht deinem Bild von einem echten Mann? Wer ist echt männlich? Das kann ein Mann aus deinem Umfeld sein oder eine Figur/Person aus den Medien. Leg das Buch kurz weg und überleg mal eine Minute: Wer ist für dich ein echter Kerl?

Ist dir jemand eingefallen? Ich hoffe doch. Welche Eigenschaften hat dieser Mann? Was macht ihn so männlich? Ist er dein Vorbild?

Mich würde interessieren, was für dich männliche Eigenschaften sind.

Auf einer Jugendfreizeit habe ich genau diese Frage einmal gestellt: „Was ist eigentlich typisch männlich?" Das Ergebnis:

- Bartwuchs
- Muskeln
- schnelle Autos
- eine Frau haben
- Bier
- Fußball
- im Stehen pinkeln

Sind das typisch männliche Eigenschaften? Müssen alle Männer so sein?

Wollen Frauen nicht viel lieber einen kinderlieben, einfühlsamen Mann, der über seine Gefühle redet und den Haushalt macht!?

Schon Herbert Grönemeyer sang vor vielen Jahren über das, was ich heute immer wieder erlebe: „Männer haben's schwer, nehmen's leicht, außen hart und innen ganz weich." Single-Frauen, mit denen ich rede, berichten immer wieder davon, dass sie auf dem männlichen Singlemarkt echte Kerle vermissen. Sie wollen keine aufgeplusterten Machos und sie wollen auch keine Weicheier, denen man die Verunsicherung schon am Händedruck abspürt. „Irgendwie sind nur noch Freaks auf dem Markt", meinte letztens eine Single-Frau zu mir.

Auch wenn ich noch einige tolle Single-Männer kenne, so kann ich sie doch verstehen. Frank Beuster beschreibt in seinem lesenswerten Buch „Die Jungenkatastrophe" Folgendes: „Frauen wollen echte Männer als Partner und keine kleinen Jungen mit Schuhgröße 44. Männer, die zu schwach sind, um Frauen wirklich Partner zu sein, werden von ihnen nicht mehr respektiert und verständlicherweise oft verlassen."[49]

Die Anforderungen an Männer heutzutage sind riesig. Die „Mens Health" oder die „Bravo Sport" gibt vor, wie ich auszusehen habe. Männerkosmetik und Fitnessstudios boomen. Der Nachbar mit seinem neusten Handy zeigt mir, dass ich Geld haben sollte. Die meisten Männer arbeiten in klimatisierten Büros und anstatt die Wildheit der Natur zu erleben, sitzen sie in Meetings und erleben höchstens die Wildheit ihres cholerischen Chefs. Im Haushalt schwingt man(n) heute selbstverständlich den Staubsauger und putzt sein Klo (auf dem er nur sitzt) selbst. Frauen wollen aber auch noch unser Ohr, unsere Zärtlichkeit, sie wollen erobert werden und fragen uns nach unseren Gefühlen. Wenn Kinder dazukommen, kommt noch die Rolle des liebevollen Papas dazu. Studium, Fortbildung, Ehrenamt, Freunde und Hobbys zehren weiter an den Kräften des modernen

---

[49] Beuster, Die Jungenkatastrophe S. 263

Mannes. Jungs werden in der Schule immer wieder als überfordert beschrieben. Die schulischen Leistungen von Mädchen sind in fast allen Bereichen besser. Mehr als dreimal so viele Jungen wie Mädchen begehen Selbstmord noch bevor sie zwanzig Jahre alt sind.[50] Viele typische Männerdomänen (Jagen, Boxen, Rasenmähen, Chefsein, Schnelle-Autos-Fahren) werden immer mehr von Frauen besetzt. Das finde ich auch gut, nur leider finden Männer immer weniger Bereiche, in denen auch sie trumpfen können. Auch mit ihrer Sexualität fühlen sich viele Kerle nicht so ganz wohl. Ihre Lust nach Sex müssen sie immer wieder unterdrücken, und im Bett erwartet Frau heute mehr als vor 30 Jahren. Viele Autoren und besonders Pädagogen sprechen von einer momentanen „Krise der Männlichkeit".

Ich will darüber nicht weinen, denn das tun Männer ja nicht. ☺ Die Gesellschaft hat sich verändert, und das ist in vielen Bereichen sehr gut so. Die Frage ist: Wie reagieren wir Männer auf diese ganzen Anforderungen!?

Drei mögliche Modelle habe ich beobachtet und sie werden uns das ganze Buch über begleiten:

Modell A nenne ich „**Tarzan**":
Tarzan trommelt sich laut auf die Brust, schnappt sich Jane unter den Arm und schwingt sich mit großen Schwüngen laut schreiend durch den Urwald. Tarzan ist ein Macho. Er findet sich selbst unglaublich cool. Seine Sprüche klaut er bei Atze Schröder und Mario Barth. Frauen sind für ihn eher Sexobjekte, die man sich nehmen kann. Er mag dicke Autos

---

[50] Beuster, Jungenkatastrophe

und jeder Erfolg wird auf dem eigenen Blog vermerkt, mit Foto natürlich. Wie es in ihm aussieht, sagt er nicht, dafür redet er sehr viel über seine Noten, seinen Job, sein MacBook und seinen Extremsport. Tarzan empfindet sich meist sehr männlich. Er zieht sein Ding durch. Für ihn gibt es keine Krise der Männlichkeit. Die nachfolgenden Modelle „Couch" und „Sklave" sind für ihn Weicheier.

Modell B nenne ich „**Couch**":
„Couch" könnte auch „TV", „PC", „Arbeit" oder „Modelleisenbahn" heißen. Couch reagiert auf all die Anforderungen wie ein Opossum. Die fallen nämlich bei Gefahr einfach in eine Totenstarre und irritieren ihre Angreifer damit. Das Motto von Couch lautet Rückzug. So versteckt sich „Couch" im Keller mit seiner Eisenbahn, vor dem PC in virtuellen Spiele- oder Sexwelten, im Büro bei der Arbeit oder er liegt einfach auf der Couch und sieht fern. Mütter und Ehefrauen motzen mit Couch, weil er nur auf der Couch liegt (vorm PC, vor der Eisenbahn, im Büro sitzt). Das bringt Couch dazu, in Zukunft noch mehr Zeit fernab von der Lebenswelt der Frau/den Anforderungen zu verbringen, also auf der Couch (vorm PC, ...). Couch redet nicht viel. Tarzan findet er peinlich und wieso Sklave sich so einen Stress macht, versteht er nicht. Das Modell Couch ist erstaunlich oft Single.

Modell C nenne ich „**Sklave**":
Sklave weiß um all die Anforderungen, die heute an Männer gestellt werden, und er versucht sie alle zu erfüllen. Sklave arbeitet nicht nur zehn Stunden

am Tag, sondern er putzt, kocht und besucht Gruppen, in denen man über Gefühle reden muss. Seine Frau oder Mutter ist meist dominant. Im Job trifft er schnell Entscheidungen, zu Hause tut er es nicht, sondern es wird alles so gemacht, wie Frau oder Kind das möchte. Meist ist Sklave auch noch ehrenamtlich engagiert, gerne hilft er jedem, auch wenn es ihm nicht passt. Sklave wirkt nach außen wie der perfekte Junge, Mann oder Papa. Frauen verlassen ihn, weil er langweilig ist. Sklave ist stolz, dass er nicht wie Couch oder Tarzan ist, aber heimlich wäre er ab und zu gerne wie sie.

Na, kannst du dich einem Modell zuordnen? Wie bei Modellen üblich wird keins 100 Prozent auf dich zutreffen. Ich persönlich habe mich übrigens im Modell „Sklave" wiedergefunden. Merke dir deinen Typ, diese drei werden uns im Buch begleiten.

MÄNNER SIND AUF DIESER WELT EINFACH UNERSETZLICH!

Nach der doch recht schwarzsehenden Bestandsaufnahme der Männlichkeit heutzutage, bei der einige weibliche Leserinnen vielleicht genickt und einige männliche Leser sich geärgert haben, will ich uns nun doch etwas loben. Denn Männer brauchen eigentlich mehr Lob als Frauen.[51] Für alle Frauen, die sich jetzt zurückgesetzt fühlen, lest doch bitte Kapitel drei oder neun.

---

[51] Der Erziehungswissenschaftler Peter Struck sagt: „Jungs brauchen fünfmal mehr Lob als Mädchen." Jungen beziehen die Kraft für ihren Selbstwert und ihre Leistungsfähigkeit sehr häufig aus der Zustimmung ihrer Umwelt. Nach Beuster, Jungenkatastrophe.

Ich finde, Männer sind geniale Wesen:

⇨ Sie denken nicht so kompliziert.
⇨ Männer werden nicht von jedem Gefühl umgeworfen.
⇨ In ihnen steckt etwas Wildes. Innen drin sind sie Abenteurer und neugierig auf Neues.
⇨ Sie sind absolut kreativ, sie erschaffen Werkzeuge oder neue Welten.
⇨ Männer können schweigen.
⇨ Mit Männern kann man besser versaute Witze machen.[52]
⇨ Wenn Männer miteinander mal offen reden, sind sie oft sehr ehrlich.
⇨ Männer sind aggressiv. Sie kennen ein Gefühl sehr gut: Wut. Wenn sie ihre Aggression gut lenken, dann können sie starke Beschützer sein.
⇨ Alte Männer sagen oft sehr weise Sachen.
⇨ Mit Männern kann man im Stehen pinkeln.
⇨ Männer haben Bartwuchs und Brusthaare.
⇨ Männer können besser in Mehrbettzimmern leben.
⇨ Männer sind hinter ihren harten Masken sehr verletzlich.
⇨ Männer werden kreativ und romantisch, wenn sie verliebt sind.
⇨ Männer riechen strenger und schwitzen schneller.
⇨ Männer verlieren im Alter ihre Haare und sehen oft noch richtig gut aus.
⇨ Männer können Kinder zeugen.

---

[52] Meine Frau schrieb mir als Kommentar in mein Manuskript: „Das passt hier nicht rein und stimmt auch gar nicht." ☺

⇨ Und Männer haben einen Penis, der ganz weich und ganz stark sein kann.

EHRLICHE MÄNNER

Vielleicht lächelst du über die Aufzählung oder du regst dich auf, weil natürlich nicht jeder Punkt auf jeden Mann zutrifft. Aber diese Botschaft ist mir in diesem Buch unglaublich wichtig: „Du bist wertvoll! Du hast etwas drauf! Du bist etwas Besonderes."

Wenn Männer nämlich ganz ehrlich werden, wenn sie ihr Herz öffnen, dann wird es spannend. Wenn Tarzan seine Liane weglegt oder seine Sonnenbrille abnimmt, wenn Couch aus seinem Büro oder seiner PC-Welt rauskommt und wenn Sklave mal aufhört, es allen recht zu machen, dann kommen die großen Fragen von Männern ans Tageslicht.

Der Priester Richard Rohr berichtet aus seiner Arbeit als Gefängnisseelsorger Folgendes:

„In dem Gefängnis stellen die Häftlinge betont ihre Männlichkeit zur Schau, mit der üblichen Härte und einem ausgesprochen rüden Ton. Wenn ich aber mit einem von ihnen unter vier Augen spreche, ändert sich das Bild oft radikal. Dann sind sie kleine Jungen, ängstlich darauf bedacht, gut anzukommen. Wenn ich einem Häftling die Beichte abgenommen habe, lege ich ihm immer die Hände auf und spreche ihm den Segen zu. Sobald ich ihn berühre, fängt er unweigerlich an zu weinen. Er lässt den Kopf hängen, damit ich seine Tränen nicht sehe, und so sitzt er dann da und schluchzt wie ein kleiner Junge, der einfach nur gehalten werden will"[53].

---

[53] Rohr, Vom wilden Mann zum weisen Mann S. 84

Der kleine Junge, der einfach nur gehalten werden will, der steckt auch in mir.

Und tief drin finde ich die große Fragen: „Habe ich es drauf? Bin ich ein echter Kerl? Wer liebt mich so, wie ich bin?"

Im letzten Jahr lag ich nach einem Kinofilm minutenlang schluchzend auf meinem Bett. Meine Frau versuchte mich zu trösten. Ihre Nähe tat mir gut, aber sie konnte diesen Schmerz nicht lindern. Was war passiert?

Der Film hieß „Into the Wild". Ein toller Film, der die wahre Geschichte von Chris McCandless erzählt. Mit 22 Jahren beschließt Chris nach seinem Examen, aus dem normalen Leben auszusteigen. Er trampt zwei Jahre durch Amerika und kommt nach vielen Abenteuern an seinem Ziel Alaska an. Chris sucht das einfache Leben und die wilde Natur. Dabei läuft er aber auch vor seiner eigenen Geschichte weg. Das Verhältnis zu seinen Eltern ist abgekühlt, da sie ihn belogen und nie ernst genommen haben. Die Szene, die mich damals sehr bewegt hat, war folgende: Chris lebt in Alaska fernab aller Zivilisation in einem ausrangierten Bus. Nach einigen Wochen schießt er seinen ersten – und letzten – Elch. Sechs Tage arbeitet er hart daran, das Tier auszunehmen, zu häuten und das Fleisch zu räuchern. Der Film zeigt den total verdreckten jungen Mann, wie er darum kämpft, das Fleisch haltbar zu machen. Während er versucht, eine Räucherhöhle zu bauen, hört man folgenden Dialog:

„Hey, Dad, darf ich den Grill anmachen. Bitte Dad, nur dieses Mal."

„Weißt du, Sohn, du kannst den Grillanzünder holen."

„Komm schon, Dad, bitte Dad."

Danach entfacht sich ein Streit zwischen Vater und Mutter, in dem der Vater laut wird und immer wieder *„Nein"* schreit.

In der nächsten Einstellung sieht man ein Stück Fleisch voller Maden. McCandless entdeckt, dass das komplette Fleisch verdorben und voller Maden ist. Er ist wütend, verzweifelt, schreit und weint. In sein Tagebuch notiert er: *„Ratlos, sieht nach Fiasko aus. Eine der größten Tragödien meines Lebens."*

Während ich das heute aufschreibe, berührt mich diese Szene kaum. Damals löste sie in mir einen großen Schmerz aus. Mir wurde bewusst, dass auch mein Vater mir viele Sachen nie gezeigt hatte. Mein Vater liebt es einfach, Dinge selbst zu machen. Es ist sogar ein Ausdruck seiner Liebe, Sachen für andere zu erledigen. Leider hat er dabei ab und an vergessen, dass Jungen praktische Dinge nicht nur durch Abschauen, sondern viel mehr durchs Selbstausprobieren lernen. Ich fühle mich bis heute bei vielen handwerklichen Sachen nicht fähig, sie gut hinzubekommen. Nicht, dass das wirklich schlimm wäre. Die Fragen hinter dieser Geschichte lauten: *„Habe ich es drauf?" „Findet jemand gut, was ich mache?"*

Auch hinter den vielen harten Schalen von Männern und Jungs steckt eigentlich die Botschaft: „Hab mich lieb. Lob mich. Sag, dass ich okay bin."

Wie ist das bei dir?

DER VATER

Unsere Gesellschaft wird schon seit längerer Zeit als „vaterlose Gesellschaft" beschrieben. „In Deutschland erziehen 20 Prozent aller Mütter ihre Kinder ohne deren Vater."[54] Auch in „intakten" Familien sind die Väter oft nicht präsent. Das ist dramatisch, denn der Vater spielt eine unglaublich wichtige Rolle auf unserer Reise zum Mannsein. Wir lernen von den Menschen um uns herum und leider sind diese Menschen immer häufiger Mütter, Erzieherinnen, Lehrerinnen. Natürlich brauchen wir die Liebe der Mutter, aber Psychologen bestätigen: Jungs brauchen männliche Vorbilder, am besten den Vater.

Doch so viele Männer, mit denen ich rede, haben ein distanziertes oder gestörtes Verhältnis zu ihren Vätern. Dabei ist ihre Liebe, ihr Zuspruch, ihre Nähe so wichtig für unsere Entwicklung zum Mannsein. Viele Tarzane, Coucher und Sklaven haben ein „Liebesloch" in ihrem Herzen, das am besten von ihrem Vater gefüllt werden könnte. Ganz ehrlich: Welcher Sohn sehnt sich nicht nach folgenden Worten seines Vaters: „Ich bin stolz auf dich, mein Sohn", „Du hast mehr erreicht als ich", „Du bist gut so, wie du bist", „Du bist ein echter Kerl", „Ich liebe dich". Viele Väter bemühen sich darum, uns dieses Gefühl zu geben. Einige probieren es und schaffen es einfach nicht. Mein Papa hat toll versucht, mir seine Liebe zu vermitteln. Allerdings brauchte ich einige Zeit, um zu verstehen, dass er das weniger durch körperliche Nähe und Worte tut, sondern mehr durch Taten, Gebete und Fürsorge. Dafür bin ich meinem

---

[54] Beuster, Die Jungenkatastrophe S. 11

Papa sehr dankbar. Und trotzdem sind auch bei mir unerfüllte Sehnsüchte zurückgeblieben. Es bleibt ein Loch.

Die Frage ist, wie gehe ich mit dieser Sehnsucht um? Suche ich vermeintliche Stärke, Geborgenheit, Ermutigung bei der nackten Frau auf dem Bildschirm oder mach ich mich auf den Weg, hinter meine Sehnsucht zu schauen? (In Kapitel sechs und neun werden wir diesen Weg weitergehen).

Väter können auch beim Umgang mit dem Thema Pornografie eine wichtige Rolle spielen. Leider sind sie und ihr Umgang mit ihrer Sexualität immer wieder die Eintrittskarte in das Thema. Versteckte Pornohefte oder Pornoseiten im Verlauf des Internet Explorers am Familien-PC sind für viele Jungs der Einstieg in die Welt des Pornos. Patrick (21) beschreibt Folgendes: „In meiner Familie gab es zwar eine kurze Aufklärung zum Thema Sex, aber kein Vater zu Sohn Gespräch über den Umgang mit erotischen Fantasien und Gedanken und dadurch entstand der Reiz des Unbekannten und Verruchten."

Frank Beuster beschreibt in seinem Buch ein Beispiel eines Vaters, das mich in meinem Leben auch begleitet hat: „Im Neuen Testament wird im Gleichnis vom verlorenen Sohn ein Vater beschrieben, der neben der machtvollen, ordnenden, reglementierenden und starken Seite auch eine großzügige, vergebende, zärtliche und weiche Seite hat. Einen derart vollständigen Vater suchen Jungen." So habe ich Gott erlebt. Diese Geschichte aus der Bibel wird uns in den nächsten Kapiteln weiter beschäftigen.

Spiritualität als Hilfe zum Mannsein!?

Viele Religionen und Völker haben in ihren Ritualen und Traditionen so genannte Initiationsriten. Dabei werden die Söhne in die Gesellschaft der Männer, also der Erwachsenen, eingeführt. Der Pater Richard Rohr beschreibt es so: „In früheren Zeiten war klar: Der Junge musste aus der schützenden weiblichen Energie herausgerissen und in einen rituellen Raum gebracht werden, wo die Begegnung mit der männlichen Energie zur heiligen Erfahrung werden konnte. Der Junge muss rituell verwundet und auf die Probe gestellt werden."[55] Dieses Prozedere ging bei einigen Stämmen so weit, dass der angehende Teenager tagelang fasten musste, von seiner Mutter verstoßen wurde, ein Tier besiegen musste oder dass ihm vom Häuptling eine Wunde zugefügt wurde, die eine Narbe hinterließ. Oft wurden die Riten auch damit verbunden, die Jungen in die Geheimnisse der höheren Macht und der Götter einzuweihen. Kleine Reste dieser Rituale finden wir bei der Firmung und Konfirmation oder bei der Jugendweihe.

Was können wir heute von diesen teilweise brutalen Traditionen lernen? Mich faszinieren drei Tatsachen:

1. Diese Riten für Jungs wurden immer von Männern durchgeführt oder von einer Gruppe von Männern begleitet.
2. Das Ganze hatte immer mit Schmerz, Kampf, Entbehrung und Leid zu tun.
3. Bei dem spirituellen Aspekt geht es um die Wildheit und Stärke Gottes, die nichts mit lang-

---

[55] Rohr, Vom wilden Mann zum weisen Mann S. 43

weiligen Gottesdiensten in kahlen Räumen zu tun hat.

Wenn ich an meine Jugend zurückdenke, fällt mir auf, dass ich auf dem Weg zum Mannsein auch Momente erlebt habe, die in Männergruppen geschahen und die mit Schmerz, Leid und Entbehrung zu tun hatten. Gut erinnere ich mich an eine nächtliche Mutprobe bei den Pfadfindern, bei der ich schreckliche Angst hatte. Wenn die zehn Jahre älteren Freunde meines Bruders zu Besuch waren, habe ich es genossen, etwas mit ihnen zu unternehmen. Einen Urlaub allein mit meinem Vater habe ich in sehr guter Erinnerung. Während meines sechsmonatigen Auslandsaufenthalts in Amerika musste ich mich von meinen Eltern lösen und erlebte so manchen einsamen und leidvollen Moment. Bei meiner Ausbildung zum Kameraassistent lernte ich erst mal, Kabelkanäle anzubringen und Kulissen zu bauen. Dabei konnte ich sehr viel von Kollegen lernen, musste aber auch durch manch harte Schule gehen. Ton und Umgang waren rau, und so wurde ich einmal zur allgemeinen Belustigung auf eine Spanplatte getackert. Aber ich bekam auch Verantwortung, konnte etwas leisten und war in einer Gemeinschaft von Männern. Als Mitarbeiter in der Jugendarbeit erlebte ich, wie abenteuerlich z.B. eine Jugendfreizeit sein kann und wie Leiter und Leiterinnen mir Aufgaben zutrauten. Dort erlebte ich auch, wie hilfreich und lebensnah Gott sein kann.

Übrigens wird mir dies alles gerade erst beim Schreiben des Buches bewusst. Die Einführung ins „Mannsein" passiert wohl auch oft unbewusst. Dennoch glaube ich, ist es gut, dass wir überlegen, wie wir in einer Gesellschaft, in der Männer bei der Erziehung fehlen, in der Schmerz vermieden wird und in der Spiritualität eher Frauensache zu sein scheint, diese alten Ideen wieder aufnehmen können. Welche Gemeinschaft von Männern würde mir guttun? Welche Entbehrung oder welchen Schmerz sollte ich einmal erleben? Welche Rolle kann Gott auf diesem Weg spielen? In vielen Kulturen spielt übrigens die Begegnung mit der Wildheit der Natur dafür eine wichtige Rolle. Im nächsten Abschnitt soll es aber erst einmal um die Rolle der Frau in unserem Leben gehen.

DIE PRINZESSIN

Unser Leben ist zutiefst von Frauen geprägt. Die Verbindung zu unserer Mutter ist ganz besonders intensiv, immerhin haben wir neun Monate in ihrem Bauch verbracht. Ihre Brust hat uns oft viele Monate lang genährt. Bei Mama bekamen wir zumeist Trost, Nahrung und Liebe. Sie ist für Jungs die tollste Frau auf der Welt. Und oft sind die Jungs auch die „kleinen Schatzies" ihrer Mütter.

Nun werden aber auch die noch so kleinen Schatzies irgendwann groß. Und die Brust der Mutter ist bald gar nicht mehr interessant, dafür aber die von Nadine oder Gina.

Spätestens mit dem Einsetzen der Pubertät lösen wir uns recht automatisch von unserer Mutter ab. Andere Frauen kommen in unser Leben und wir wollen keinen feuchten „Gute-Nachtkuss" mehr. Für viele Mütter ist diese Phase des Lösens schwer und sie klammern sich an ihre „Schatzies". Sie tun alles für ihre „Kleinen", die mittlerweile 1,90 groß sind und 120 Kilo wiegen.

Ich beobachte noch erstaunlich viele Männer, die sich nicht von ihrer Mutter gelöst haben. „Hotel Mama" ist ja auch so bequem und warm. Und auch wer ausgezogen ist und fast täglich mit Mama telefoniert oder bei jeder Entscheidung Mamas Rat einholt, wird es schwer haben, ein echter Kerl zu werden. Denn Jungs können ihre Reise zur Männlichkeit nicht mit Mama an ihrer Hand beginnen. Sie brauchen Freiräume. Sie müssen lernen, dass Klopapier nicht immer im Vorratsschrank ist, sondern dass man das kaufen muss. Übrigens sind Kinder- und Jugendfreizeiten ein super Ort, um Unabhängigkeit von seinen Eltern zu erlangen und um männliche Vorbilder zu finden.

Auf solchen Freizeiten passiert es nun auch immer wieder, dass wir eine Prinzessin treffen. Bei mir hieß sie Julia. Wenn wir sie sehen, dann schlägt unser Herz höher. Ihre Haare glänzen für uns wie Gold (auch wenn sie schwarz sind). In ihrer Nähe werden wir rot, und wenn man bei einem Spiel einen Kreis bilden muss und sich an den Händen fassen soll, dann betet man, dass SIE neben einem stehen wird. Und wenn sie dann neben einem steht, hat man Angst, dass sie den Handschweiß bemerkt. Frauen lösen bei uns etwas Besonderes aus.

Ich erinnere mich an einen Moment, an dem ich mit Julia zurück von einer Kinderfreizeit fuhr. Ich war so ungefähr 11 Jahre alt. Wir fuhren auf der Autobahn an Kaiserslautern vorbei. Von dort sieht man den Betzenberg, das Stadion des 1. FC Kaiserslautern, der damals noch um die Meisterschaft in der 1. Fußball-Bundesliga spielte. In diesem Moment bat ich Julia, doch mal kurz ruhig zu sein, ich musste diesen Moment genießen. Ich dachte: „Gott, Julia und der 1. FCK, alles zusammen in diesem Moment zu haben, das muss der Himmel sein." ☺ Ich fühlte mich klasse. Der 1. FC Kaiserslautern ist schon ein paar Jahre nicht mehr in der ersten Liga und ich wurde auch nie der Romeo von Julia, wir blieben „einfach Freunde". Es sollte nicht das letzte Mal sein, dass ein Mädchen auf meine – sicher furchtbaren – Liebesbriefe gar nicht oder mit guter Freundschaft antwortete. Viele Jahre vergingen, in denen ich mich bemühte, der Held einer Prinzessin zu werden. Aber alle meine Versuche waren vergeblich, und das tat weh. Vielen meiner Freunde gelang es, der Held für eine Prinzessin zu sein. Doch ziemlich schnell waren sie auf einmal Ex-Helden. John Eldredge schreibt dazu: „Warum ist Pornografie das schlimmste Suchtmittel im Universum gerade für Männer? Der tiefe Grund liegt darin, dass die Wirkung der verführerischen Schönheit ins Innere eines Mannes hineinreicht. Sie rührt die verzweifelte Sehnsucht nach Bestätigung als Mann an. Es geht um mehr als um Beine und Brüste und guten Sex. Jeder Mann erinnert sich an Eva[56]. Sie verfolgt uns bis in unsere Träume hinein. Und irgendwie glauben wir, dass wir sie nur finden müssen, sie wiedergewinnen müssen, damit zugleich mit ihr auch unsere verlorene Männlichkeit zurückkehrt."[57]

Wir wollen, dass Frauen uns Stärke geben, dass sie uns sagen: „Ja, du bist ein echter Held."

---

[56] Eva steht bei Eldredge für die Frau an sich
[57] Eldredge, Der ungezähmte Mann S. 124

Das erklärt auch, warum viele von uns Männern möglichst vielen Prinzessinnen hinterherjagen. Kaum ist eine weg, muss schon die nächste her. Aber die Wahrheit ist: Frauen werden uns enttäuschen. Wenn wir unseren Wert nur aus unseren Partnerinnen ziehen, dann werden wir keine selbständigen und starken Kerle werden. Viele Männer warten selbst in langen Beziehungen und sogar Ehen darauf, dass ihre Frauen ihnen ihre Männlichkeit geben. Dabei überfordern sie ihre Partnerinnen und verhungern selbst.

Eldredge schreibt weiter: „Pornografie ist verführerisch, denn was muss ein verletzter, innerlich verhungerter Mann denken, wenn ihm buchstäblich Hunderte Prinzessinnen zu Willen sind?"[58]

Wenn wir noch mal auf unser Modell schauen, ergibt sich Folgendes: Tarzan führt sich auf wie Tarzan, weil er Frauen beeindrucken will und sie ihm sagen sollen, was für ein toller Kerl er ist.

Couch hat aufgegeben, seine Stärke bei einer Frau zu suchen. Er hat aufgegeben, seinen Wert in der realen Welt zu entdecken.

Sklave bemüht sich andauernd darum, Lob und Stärke von anderen, meist von seiner Frau zu bekommen. Aber eigentlich hat er immer den Eindruck, nie zu genügen.

Wir wollen Stärke allein von einer Frau, dabei braucht sie eigentlich auch unsere Stärke. Wir stehen beide mit unseren fast leeren (Liebes)-Tanks voreinander und jeder denkt, der andere wäre eine Tankstelle. Dabei ist die Sehnsucht in uns, eine Prinzessin zu erobern, genau richtig und sogar von Gott so angelegt. Die Frage ist nur wie und wann?

---

[58] ebd. S. 125

WARUM TARZAN, COUCH UND SKLAVE PORNOS SCHAUEN!

Tarzan: Er mag es, dass Frauen in Pornos meist die willigen Sexobjekte sind. Bei seinen Freundinnen ist er leider nicht so der „Bringer". Beim Pornoschauen fühlt er sich stark. Pornoschauen gehört für ihn zum Mannsein dazu. Er ist in seiner Clique angesagt, wenn er neueste Videos tauscht oder über das Gesehene Sprüche macht.

Couch: Von der Couch, dem PC oder dem Büro bis zum Porno ist es ja nicht weit. Es passt super ins Lebenskonzept von Couch, dass er sich in andere Welten zurückzieht. Die Pornowelt ohne ihre ständigen Anforderungen ist da genau das Richtige für ihn. Cybersex ist viel einfacher, als einer Frau den Hof zu machen.

Sklave: Sein Leben wird von anderen dominiert und ist recht langweilig. Das ändert sich schlagartig, wenn er sich heimlich in die Welt der Pornos begibt. Das Verbotene an der Sache gibt ihm den Kick und hier kann er (Frauen) sagen, wo es langgeht. Oft lebt er ein Doppelleben, das ihn innerlich zerreißt.

Ich habe in diesem Kapitel bewusst viele Fragen aufgeworfen, auch ohne Antworten zu geben. Ich behaupte: Wir müssen uns diesen Fragen stellen und hinter unsere Fassade schauen.

Hier sind ein paar Fragen an dich:

⇨ Wer ist dein männliches Vorbild?
⇨ Wie ist deine Beziehung zu deinem Vater? Hast du dich von deiner Mutter gelöst?
⇨ Kennst du diese Fragen in dir: „Hab ich es drauf?" oder „Bin ich ein echter Kerl?" Hast du Versagensängste?
⇨ Hast du den Eindruck, als Mann „initiiert" worden zu sein?
⇨ Wo und wie bist du von Frauen verletzt worden? Versuchst du deinen Selbstwert zu sehr aus deinen Beziehungen zu Frauen zu gewinnen?
⇨ Warum schaust du eigentlich Pornos? Was suchst du?

Die Antwort auf die Frage nach dem Weg zu innerer Stärke und zur Männlichkeit werde ich dir nicht geben können. Aber wir haben ja noch ein paar Kapitel vor uns, in denen Hinweise für den Weg drinstecken. Übrigens, auch ich bin noch auf diesem Weg unterwegs und noch lange nicht angekommen. Lass uns weitersuchen.

5. Männer ohne Power – wieso Pornos die Manneskraft rauben

Meine These lautet: Nicht nur den Darstellern in Pornos wird die Würde genommen. Auch den Konsumenten nimmt das Betrachten von Pornos ihren Wert. Ich behaupte, den männlichen Betrachtern raubt sie sogar einen Teil ihrer Männlichkeit.

MÄNNER UND IHR PENIS

In dem Film „Perfect World" spielt Kevin Costner den entflohenen Sträfling Heynes, der einen achtjährigen Jungen als Geisel nimmt. Was erst mal wie ein Unglück aussieht, wird für den kleinen Philipp zum Glücksfall. Philipp wurde – nach dem Tod seines Vaters – von seiner Mutter sehr behütet erzogen. Bei seinem Entführer erlebt Philipp nun echte Abenteuer. Sein Entführer traut ihm viel zu, und so genießt Philipp die Gegenwart von Heynes. Als dieser ihm ein paar neue Hosen kauft, will Philipp die Hosen nicht vor seinen Augen wechseln. Es entsteht folgender Dialog:

„Was ist los? Hast du Angst, dass ich vielleicht deinen Pimmel sehe?"

„Er ... ist winzig."

„Was?"

„Er ... ist winzig."

„Wer hat dir das gesagt?"

Philipp antwortet voller Scham nicht auf diese Frage. Heynes tut nun etwas, was in Zeiten von Pädophilie für einen Entführer nicht sehr schlau ist, aber für Philipp genau das Richtige.

„Lass mal sehen ... – Na los, ich bin ganz ehrlich."

Philipp lässt zögernd seine Hose runter.

„Nee, nee, Philipp. Gute Größe für dein Alter."

Philipp strahlt über das ganze Gesicht. Er fühlt sich akzeptiert und wertgeschätzt.

Die Frage, ob wir es draufhaben, beschäftigt uns Männer. Besonders und gerade bei der Penisgröße. Ich kenne es bis heute, dass man in der Sauna und im Duschraum doch heimlich vergleicht. Dahinter steckt die große Frage: „Bin ich ein Mann, kann ich eine Frau befriedigen und ein Kind zeugen?" Dass man auch mit kleinem Penis Frauen beglücken und Kinder zeugen kann, das sagt einem leider keiner. Und dass es im Zweifelsfall medizinische Hilfsmittel gibt, um einen Penis zu verlängern, berichtet einem auch niemand. Ebenso wenig wie, dass die Größe des Penis im unerigierten Zustand noch nichts über die Größe im erigierten Zustand aussagt. Und auch dass einige Frauen einen kleineren Penis besser finden, weil Sex dann einfacher sein kann, sagt einem keiner.

Was einem aber fast jeder Porno sagt, ist, dass Mann unter 20 cm gar nicht erst auspacken muss.

Eine Sozialarbeiterin von profamilia berichtet aus ihren Beratungsstunden mit einer sechsten Klasse: „Bei den Jungs tauchen zwei Fragen immer wieder auf: Wie lang muss ein Penis mindestens sein? Wieso können Männer so lange Sex haben?"[59] Diese Fragen gab es vor 20 Jahren in diesem Alter noch nicht. Wo das wohl herkommt?

Auch Wissenschaftler mahnen: „Erotika statten

---

[59] Zeit Wissen April 2009 S. 19

männliche Modelle häufig mit besonders eindrucks-
vollen Genitalien und hervorragender Potenz aus.
Wahrscheinlich werden damit bei jüngeren Menschen
ohnehin verbreitete männliche Minderwertigkeitsge-
fühle bestärkt"[60], so der Psychiater Herbert Selg.

Der Pro Sieben Sexreport bestätigt: „Tatsächlich
konnten wir in unserer Studie belegen, dass die
Menschen, die besonders häufig Pornografie konsumieren – also wöchentlich oder täglich – auch die
Vorstellung haben, dass ihre Partner erwarten, dass
ihre eigenen Genitalien so aussehen wie die von
pornografischen Darstellern."

Fazit: Die Männer in Pornos stehen für den immer
könnenden Mann mit großem Penis. Viele Jungs
und Männer sind dadurch verunsichert und messen sich bewusst oder unbewusst an den Darstellern.

ANGST VOR DER REALEN FRAU

Ein 21-jähriger Freund von mir – nennen wir ihn Patrick – schreibt: „Der Konsum von Pornos hat mich
noch schüchterner und ängstlicher gemacht, offen
auf Frauen zuzugehen, die ich attraktiv finde. Selbst
wenn wir uns gut verstehen würden, denke ich immer, ich habe sie auf keinen Fall verdient, wenn sie
nur wüsste, wer ich wirklich bin. Sie würde mich
sofort fallen lassen. Das wiederum verstärkt meinen
Drang, mir Pornos anzusehen, denn dort muss ich
den Frauen nicht wirklich begegnen."[61]

---

[60] Selg, Pornographie S. 76
[61] privater Erfahrungsbericht. Name geändert.

„Dort muss ich den Frauen nicht wirklich begegnen!" – Ich kenne Patricks Gefühl und gleichzeitig macht mich seine Aussage wütend, weil wir Männer solche Angsthasen sind.

John Eldredge schreibt: „Männer fürchten sich insgeheim vor ihren Frauen. Die Frau sieht den Mann wie niemand sonst, sie schläft mit ihm, sie weiß, aus welchem Holz er geschnitzt ist."[62]

Wir haben Angst vor Frauen, die uns wirklich kennen. Ich war überrascht, als ich erfuhr, dass meine Frau schon ein Jahr lang in mich verliebt war, bevor wir zusammenkamen. Und ich bin immer wieder überrascht, dass sie mich mit allen Macken und Porno-Erfahrungen immer noch liebt. Aber ich habe auch etwas gewagt. Ich habe mich verletzlich gemacht und bin ein hohes Risiko eingegangen. Ein Risiko, das mit Pornos nichts zu tun hat. Es heißt: „Liebe". Und ja, ich bin verletzt worden. Meine Frau hat mich kritisiert, mit anderen Männern geflirtet, sich über meinen Mundgeruch beschwert und mein Versagen beim Sex erlebt. Und ja, sie hätte Schluss machen können und sie kann es auch immer noch tun. Die Pornogirls, die ich mir angeschaut habe, haben mich niemals kritisiert, sie waren nur für mich da, hatten kein Problem mit Mundgeruch und Bauchansatz und ihnen war egal, wenn er mal nicht stand. Und die Pornogirls werden niemals Schluss machen. Aber sie werden mich auch niemals glücklich machen, so wie meine Frau es immer wieder tut.

Ja, Partnerschaft ist Arbeit. Ja, Partnerschaft tut weh. Ja, Partnerschaft kostet Tränen. Aber sie schenkt Liebe, macht mich reifer, schenkt Vertrauen,

---

[62] Eldredge, Der ungezähmte Mann

macht den anderen glücklich und gibt Geborgenheit. Und Eldredge fasst dies gut zusammen: „Pornografie macht deshalb so viele Männer süchtig, weil sie ihnen mehr als alles andere das Gefühl gibt, Männer zu sein, ohne dass sonst etwas von ihnen gefordert wird."[63] Eine Frau zu erobern oder immer wieder neu zu erobern, ist nicht leicht. Aber das macht für mich echte Kerle aus.

Fazit: Pornos machen aus mutigen Liebhabern masturbierende Angsthasen.

DIE FESTPLATTE BLEIBT VOLL

Im Gespräch mit Männern höre ich immer wieder diese Aussagen:

⇨ „Pornos haben nichts mit meinem Sexualleben in der Partnerschaft zu tun."
⇨ „Die Bilder prägen mich nicht, das vergesse ich alles wieder."

Dazu drei Aussagen von Bekannten von mir (Namen geändert):

⇨ „Das in Pornos dargestellte Frauenbild gräbt sich ganz schnell tief in meine Gedankenwelt ein. Kommt es dann zum Sex mit meiner Frau, lassen sich diese Bilder und Vorstellungen nicht so einfach wieder wegschieben." (Max, 24)
⇨ „Eigentlich tue ich doch keinem was, wenn ich Pornos schaue, aber die Lust, mit meiner Frau

---

[63] Eldredge, Der ungezähmte Mann

zu schlafen, lässt nach. Dass ich das Gesehene nicht eins zu eins umsetzen kann, weiß ich, aber es bleibt was hängen, sei es, weil ich oder meine Partnerin nicht so reagieren wie die Darsteller/innen." (Karl, 40)

⇨ „Pornobilder haben sich immer tiefer in mein Bewusstsein eingebrannt – bis heute." (Ludwig, 32)

Auch ich kann die Aussagen von Max, Karl und Ludwig nur bestätigen. Noch heute kann ich – leider – immer noch Bilder aus meinem ersten gesehenen Porno abrufen. Vieles habe ich – im wahrsten Sinne des Wortes – Gott sei Dank vergessen. Unseren Bildspeicher im Gehirn kann man nicht so schnell löschen wie die Bilder auf seiner Festplatte. Und nicht nur wir Männer leiden unter den Folgen, auch Frauen merken die Auswirkungen des Porno-Konsums von Männern:

⇨ Toni berichtet: „Der Beziehung zu meiner Partnerin tun Pornos nicht gut, weil ich für sie in den bestimmten Situationen geistig regelrecht abwesend bin."

⇨ In einer BBC Reportage berichten Mädchen: „Wenn ich mit so einem Typen zusammen wäre, der die ganze Zeit Pornos sieht, würde mich das schon nerven. Ich würde sauer werden und denken, wieso siehst du so was, wenn du mit mir zusammen bist. So als wäre ich nicht gut genug. Wenn er es ständig macht, dann würde die Beziehung sicher dem Ende entgegengehen."[64]

---

[64] BBC Doku 2007

⇨ Tessa sagt: „Ein Typ, mit dem ich Sex hatte, hat an meinen Haaren gezerrt, wollte Analsex und alle möglichen Stellungen ausprobieren, obwohl er vorher noch nie Sex hatte. Das war ja wohl ganz deutlich, wo er das herhat."[65]

⇨ Ein Pastor berichtet nach vielen Jahren Pornokonsum: „Liebevolles, zärtliches Verhalten, bei dem es nicht um Sex ging, kam bei mir kaum noch vor. Schließlich ging es bei allem, was ich mir sonst ansah, immer um die ‚Hauptsache'."[66]

Den Spruch: „Einmal ist keinmal" gibt es bei Pornografie leider nicht.

Fazit: Sexuelle Bilder prägen uns und unser Sexualverhalten deutlich länger, als uns lieb ist. Sie haben Auswirkungen auf unsere Partnerschaft.

„WIR WERDEN DAS, WAS WIR LEBEN"

Wer viel Fast Food isst, wird sehr wahrscheinlich dick und definitiv weniger fit.

Wer viel Fernsehen schaut, hat meist weniger soziale Kontakte.

Wer viel lernt, wird schlauer.

Wer viele Bohnen isst, bekommt Blähungen.

Lauter vollkommen logische Abläufe.

„Wir werden das, was wir leben." Das sagt der Neurologe[67] Dr. Eberhard Rieth.

Er beschreibt es medizinisch: „Pornografie verändert

---

[65] Fossberg, For Boys only S. 144
[66] Delling, Der sexte Sinn S. 36
[67] Neurologen sind Gehirnspezialisten

die synaptischen Bahnen in unserem Gehirn."[68] Das heißt, Pornosschauen verändert unsere Denkprozesse im Kopf langfristig. Bestätigt wird das von dem Neurologen und Verhaltenspsychologen Klaus Mathiak: „Alles, was häufig wiederholt wird – der Tennisaufschlag, das Spielen eines Instruments, Vokabelbüffeln – verändert das Gehirn. Wir lernen. Wenn Pornografie schließlich zum Bestandteil des Alltags wird, verändert sich nicht nur die Sexualität eines Menschen, sondern sein ganzes Wesen."[69]

Felix, 24 Jahre alt und 10 Jahre lang Pornokonsument, bestätigt das: „Irgendwann wurde mir klar: ,Wenn du mit Pornos weitermachst, kann vielleicht irgendwann eine Frau vor dir stehen, deren Herz völlig zerbrochen ist, deren Gesichtsausdruck um Hilfe schreit, und du würdest es nicht mal merken.'"

Ludwig berichtet aus der Zeit seines regelmäßigen Pornokonsums: „Ich konnte damals kaum eine Minute nicht an Sex denken – es war Grundvoraussetzung für jede Beziehung."

Es scheint so einfach: Die Sachen, mit denen wir uns füllen, beeinflussen unser Denken, Handeln und Empfinden. Dabei gibt es so viel Besseres als Pornos.

Fazit: Pornos verändern unser Einfühlungsvermögen, unser Verhalten und unser Frauenbild.

---

[68] Mitschrift Vortrag Dr. Rieth im August 2008 in Hannover
[69] Stern Artikel 6/2007

FREIHEIT IST DIE EINZIGE, DIE FEHLT

„Ich kam mir vor wie einer, der in seinem Paddelboot auf einen Wasserfall zufährt und nicht mehr steuern kann. Mein Paddel war abgebrochen."[70] So bezeichnet ein Pornokonsument seine Situation.

Wenn Menschen nicht mehr frei entscheiden können, ob sie etwas machen oder nicht, dann nennt man das Sucht. Und genau das ist das Wort, das viele Pornokonsumenten nicht aussprechen wollen. Ich kann aus meinen eigenen Erfahrungen folgende Aussagen nur bestätigen:

⇨ „Je mehr ich mich diesen Bildern aussetzte, desto stärker wurde das Verlangen danach und desto kürzer wurden die Pausen bzw. das Gefühl des Befriedigtseins zwischen der Selbstbefriedigung. Eine Spirale, die sich im Laufe der Jahre immer schneller gedreht hat." (Ludwig, 32)

⇨ „Pornografie hat mir viel von meiner Freiheit genommen. Es dringt in deinen Geist ein wie ein Parasit, der einem das Leben aussaugt. Es ergreift Besitz von einem, es ist wie eine Droge." (Tom, 16)

Felix, 24 Jahre alt, beschreibt seine Gefühle nach dem Pornokonsum so:

„Ich fühlte mich schlecht. Es ist, als ob man direkt nach der Befriedigung von einem Moment auf den anderen wieder in die Realität zurückgerissen wird. Oft kullerten gleich im Anschluss die Tränen. Für Menschen, die kein Porno-Konsum-Problem haben, ist das sicherlich schwer nachzuvollziehen, dass man

---

[70] Deling, Der sexte Sinn S. 36

sich einen Porno reinziehen kann und anschließend losheult.

Man fragt sich vielleicht: Warum heult der, wenn er sich einen Porno anschaut? Warum lässt er es dann nicht einfach? Es lag daran, dass mir außerhalb dieser Porno-Konsum-Momente völlig klar war, dass Pornokonsumieren mich kaputtmacht. Ich begebe mich in einen Bereich, den ich nicht mehr kontrollieren kann. Erst passiert es nur einmal im Monat und man denkt sich: ,Naja passt schon, macht jeder irgendwie mal.' Dann macht man es plötzlich dreimal pro Monat. Und dann jede Woche, dann jeden Tag. Und es ist nicht nur die Anzahl, die steigt, sondern auch die Intensität der Pornos. Umso öfter ich mir welche ansah, desto heftiger mussten sie sein."

Auch diese Erfahrungen werden von der Wissenschaft gestützt. Der Neurologe Dr. Martin Walter bestätigt im Pro-Sieben-Sexreport: „Pornogucken erzeugt in unserem Gehirn ein Wohlfühlgefühl, das wir wieder und wieder erleben wollen. Ähnlich wie bei Alkohol oder Drogen." Sexsucht und Internetsexsucht sind meist anerkannte Krankheitsbilder, die von Therapeuten behandelt werden. Auch wenn bei vielen Männern noch kein Therapiebedarf besteht, so befinden sich viele auf dem Weg dahin. (Siehe Exkurs (Internet-)Sex-Sucht S. 136)

Auch die Werbung hat entdeckt, dass erotische und sexuelle Bilder uns fesseln können. Mittlerweile haben Forscher sogar herausgefunden, dass erotische Bilder, die ein plötzliches Gefühl in uns auslösen, uns für ein Fünftel einer Sekunde blind und auch sonst nicht aufnahmefähig machen. So erklärt sich, warum erotische Außenwerbung an der Straße so oft zu Auffahrunfällen führt.[71] Was geht dir durch den Kopf, wenn du das liest?

Ich will auf jeden Fall frei sein und freie Entscheidungen treffen können. Ich denke, jeder Mensch will das.

> Fazit: Menschen lieben und wollen die Freiheit. Pornos rauben sie uns!

WAS HABEN PORNOS UND COMPUTER-SPIELE GEMEINSAM?
Sie klauen uns beide die Zeit!

„Nachdem ich mir Pornoseiten angeschaut habe, ärgere ich mich am meisten vor allem über die verschwendete Zeit", sagt Markus (26 Jahre alt).

Wenn ein Mann im Alter von 15 Jahren anfängt, jeden Tag im Durchschnitt 15 Minuten mit Pornosschauen zu verbringen, dann hat er mit 25 Jahren 913 Stunden seines Lebens damit verbracht. (Schaltjahre schon mitgerechnet.) Das sind 38 Tage seines Lebens. In dieser Zeit reisen andere um die Welt, bauen komplette Brunnen in Afrika, schreiben Bücher, trainieren für Olympia, versuchen Frauen zu verstehen (okay, dafür reichen 38 Tage nicht ☺), ...

Und 15 Minuten pro Tag oder knapp zwei Stunden pro Woche sind nach meinen Beobachtungen nicht übertrieben.

Ich weiß nicht, was das Ziel deines Lebens ist? Vielleicht willst du einfach nur Spaß haben auf dieser Welt. Dann dürften dich die 38 Tage Pornozeit nicht so sehr stören.

Vielleicht träumst du von dem Konzept: Haus am

---

[71] nach Schirrmacher, Internetpornografie S. 71

See, dickes Auto, hübsche Frau, zwei Kinder und ein paar gute Freunde. Keinem dieser Ziele haben dich die 38 Tage Pornozeit näher gebracht. Haus und Auto kosten Geld und das verdient man durch Arbeit und dafür braucht man Bildung. In 38 Tagen könnte man viel lernen und viel Geld verdienen. Die Wahrscheinlichkeit, dass du in der Pornozeit deine Traumfrau kennenlernst oder dass du lernst, wie man eine Frau wirklich erobert, ist sehr gering. Ohne Frau und langfristige Beziehung (die braucht Arbeit und Zeit) gibt's auch keine Kinder. Und um gute Freundschaften aufzubauen, muss man zusammen Sachen erleben und Zeit verbringen.

Mein Lebenskonzept heißt nicht Spaß oder Haus am See. Auch wenn ich das beides gerne habe oder hätte. Mich hat die Frage irgendwann mal sehr bewegt: „Warum bist du auf dieser Welt? Warum hat Gott dich hier hingesetzt?" Nur damit ich jede Menge Müll hinterlasse, die Erdölvorräte aufbrauche und mit einem dicken Bankkonto mit 67 an einer Herzverfettung sterbe? Was sollen die Leute dann an meinem Grabstein sagen: „Er hat Spaß gehabt", „Er war ganz nett", „Er war bis ins Alter gut aussehend" oder „Hoffentlich erbe ich sein vieles Geld"?

Ich träume eher von folgenden Aussagen an meinem Grab:

„Er hat mich nicht vergessen, als es mir schlecht ging", „Er war immer gastfreundlich", „Er hat mir geholfen Gott zu finden", „Er hat mir zugehört", „Er hat mit angepackt, wenn Not am Mann war", „Er hat mit mir geweint, als ich traurig war", „Er war so positiv und lebensfroh", „Er war seiner Frau ein guter Ehemann", „Er war mir ein Vorbild als Mann",

„Er hat vielen Menschen Hoffnung und gute Werte vermittelt".

Ich weiß, dass viele dieser Aussagen heute noch nicht fallen würden. Es ist ja auch nur ein Traum. Ich will mein Leben nicht auf mein Wohl gerichtet leben, das macht auf Dauer einfach nicht glücklich. Aber anderen Menschen Wert, Liebe, Aufmerksamkeit, Hoffnung, Hilfe anzubieten und materielle Sachen zu teilen, das nützt dieser Welt und gibt meinem Leben Sinn. Mehr dazu in Kapitel 9.

Was willst du mit deiner Zeit, deinem Leben machen?

Fazit: Pornos klauen Männern Zeit, die sie für sich und andere dringend bräuchten.

Meine These am Anfang des Kapitels lautete: Nicht nur den Darstellern in Pornos wird die Würde genommen. Auch den Konsumenten nimmt das Betrachten von Pornos ihren Wert. Den männlichen Betrachtern raubt sie sogar einen Teil ihrer Männlichkeit.

Wenn ich mir die Fazite der einzelnen Absätze noch einmal anschaue, kann ich nur sagen, dass meine These stimmt: Pornos klauen uns unseren Wert, unsere Freiheit und unsere Männlichkeit.

Hier nochmal alle Fazite dieses Kapitels auf einen Blick:
- Die Männer in Pornos stehen für den immer könnenden Mann mit großem Penis. Viele Jungs und Männer sind dadurch verunsichert und messen sich bewusst oder unbewusst an den Darstellern.

- Pornos machen aus mutigen Liebhabern masturbierende Angsthasen.
- Sexuelle Bilder prägen uns und unser Sexualverhalten deutlich länger, als uns lieb ist. Sie haben Auswirkungen auf unsere Partnerschaften.
- Pornos verändern unser Einfühlungsvermögen und unser Frauenbild.
- Menschen lieben die Freiheit. Pornos rauben sie uns.
- Pornos klauen Männern Zeit, die sie für sich und andere dringend bräuchten.

6. Sex – Was Männer wirklich suchen

MÄNNER UND IHR TRIEB

In Kapitel sechs geht es natürlich um Sex!

Wenn du nichts isst, dann stirbst du. Wenn du nichts trinkst, dann stirbst du. Wenn du nicht atmest oder wenn du nie auf Toilette gehst, dann stirbst du (das wäre ein furchtbarer Tod). Unser Körper hat gewisse Grundbedürfnisse wie Essen, Trinken, Atmen, Ausscheiden von Urin und Kot. Und was ist mit Sex?

Ist sexuelle Erregung und Befriedigung auch ein solches körperliches Grundbedürfnis? Was passiert, wenn wir keine Befriedigung bekommen? Gibt es Menschen, die an „Untersexung" (cooles Wort) gestorben sind?

Ich kenne keinen.

Und doch erleben sich viele Männer so, wie schon die Bibel Männer vor tausenden Jahren umschrieb, „wie feiste, geile Hengste" (Jeremia 5,8). Gerade in der Pubertät scheint es Zeiten zu geben, in denen sich alles um Sex und das andere Geschlecht dreht. Sexuelle Lust muss befriedigt werden. Jungs beschreiben sich wie ein Kochtopf mit heißem Wasser, bei dem dringend der Deckel geöffnet werden muss, damit sie nicht überkochen. „Ich muss mal Dampf ablassen", so beschreiben Jungs den Druck zur Selbstbefriedigung. Oder da fragt ein Junge: „Soll ich meine Sexualität etwa ausschwitzen?"

Lasst uns einen kleinen Ausflug auf das Gebiet der Sexualwissenschaft machen.

Das Triebmodell, das den Orgasmus als menschliches Grundbedürfnis einstuft, gilt in der heutigen Sexualwissenschaft größtenteils als überholt. Besonders die weibliche Sexualität wird nicht auf den Orgasmus fixiert wahrgenommen. Und auch die meisten zölibatär lebenden Männer (z.B. Priester und Mönche) kommen mit langen Phasen der Enthaltsamkeit gut aus. Außerdem stellt der Ansatz des Triebmodells den Sexualtrieb vor allem negativ dar. So muss die „wilde Bestie" Trieb in mir ständig gebändigt, unterdrückt, kanalisiert werden. Und es scheint so, als ob Männer immer im Kampf gegen den Trieb im Einsatz sein müssten. Der Trieb wird also immer unterdrückt. Doch genau damit geht das Gute an der Sexualität verloren.

Moment mal: „gut" und „Sexualität" schreibe ich zusammen in einem Satz!? Verwundert dich das? Vielleicht hast du deine Sexualität noch nicht als gut erlebt? Oder vielleicht wundert es dich, dass ein Christ über gute Sexualität schreibt. Ja, wir haben sexuelle Gefühle und Sehnsüchte, und das ist gut so. Sexualität gehört zum Menschsein dazu. Wir sind keine Engel! Genauso wenig aber sind wir immergeile Dackel, die sich an jedem Hosenbein oder jedem Stein reiben müssen.

Doch woher kommt dann das Erleben der Triebhaftigkeit der Sexualität?

Ganz vereinfacht ausgedrückt hat u.a. der bekannte Sexualforscher Gunter Schmidt herausgefunden, dass hinter unserem sexuellen Trieb nur zu einem kleinen Teil biologische Abläufe stehen. Viel eher befriedigen wir in der Sexualität unsere Grundbedürfnisse. Das heißt ganz praktisch: In der sexuellen Befriedigung suche ich nicht in erster Linie den Orgasmus, sondern vor allem Zuneigung, Geborgenheit, Nähe, Sicherheit, Vertrautheit. Auf Pornografie angewendet würde das bedeuten: Ich gehe nicht auf Pornoseiten, um mal schnell meinen Trieb nach sexueller Erregung zu befriedigen, sondern ich bin eigentlich auf der Suche nach Liebe, Bestätigung, dem Erleben von Stärke, Nähe, ...

Dies bestätigt auch der Sexualwissenschaftler Bartholomäus: *„Es spricht vieles dafür, dass sexuelle Erfahrungen dann besonders intensiv erlebt werden können, wenn sie die Menschen zugleich in ihrem Bedürfnis nach persönlicher Anerkennung und nach hautwarmer Geborgenheit, nach sinnlichem Genuss und nach kreativer Lebendigkeit befriedigen.“*[72] Hautwarme Geborgenheit! Ich weiß nicht, wie es dir geht, aber diese Sicht von Sexualität hat bei mir etwas verändert. Das bedeutet, dass meine Lust, mein Sexualtrieb keine festgesetzte Spielregel ist, mit der ich leben muss. Ich bin meinen Trieben nicht einfach ausgesetzt. Das heißt auch, dass mein Sexualtrieb meinen Pornokonsum keinesfalls rechtfertigt. Ein Satz wie „Männer müssen halt Pornos schauen" kann dann keine Antwort mehr sein. Sexuelles Erleben kommt damit aus der Schmuddelecke. Ich kann sagen: „Ja, ich habe Sexualität. Ja, ich habe Bedürfnisse." Die Frage ist nur, wie gehe ich damit um, wie befriedige ich meine Sehnsucht nach Liebe?

Die Sexualwissenschaftler gehen sogar noch weiter und bringen unser sexuelles Erleben, unsere sexuellen Bedürfnisse mit Erlebnissen in unserer Lebensgeschichte in Verbindung. So sehnen wir uns zum Beispiel nach der Nähe und Geborgenheit un-

---

[72] Bartholomäus, S. 144

serer Mutter und suchen diesen Moment der Geborgenheit bei einer vollbusigen Frau im Sex. Oder wir wurden als Kind von unserer Schwester gedemütigt und haben deswegen das Bedürfnis, uns zu rächen und Frauen im Sex zu demütigen.

Sexualität hat auch viel mit meiner Rolle als Mann, meiner Identität zu tun. Denken wir zurück an die Frage eines jeden Mannes: „Habe ich es drauf?" Auch im Bereich Sexualität will ich das wissen: Kann ich eine Frau befriedigen? Ist mein Penis groß genug? Kann ich einer Frau Lust schenken? Ist eine Frau bereit, MICH zu befriedigen?

In Pornos werden für die Darsteller alle Fragen mit „Ja" beantwortet. Es scheint so einfach, ein „echter Mann" zu sein. Oder?

Dabei finde ich als Pornokonsument keine Antwort auf alle meine Fragen, ob ich ein Mann bin. Denn im Netz befriedige ich niemanden, schenke ich keine Lust, befriedigt mich als Mann niemand, erlebe ich keine Nähe, empfinde ich meinen Körper als nicht ausreichend.

Der Bericht von Patrick (21 Jahre) unterstreicht die These, dass wir in Pornos mehr als den Orgasmus suchen: „Ich fühle mich nach dem Konsum von Pornos leer, weil ich das, was ich eigentlich gesucht habe, nicht gefunden habe. Auf der Suche nach Zuneigung und Wertschätzung habe ich nichts davon dauerhaft erfahren."

UNSERE SEHNSÜCHTE

Ich habe mal tief in mich hineingeschaut und sechs Sehnsüchte oder Bedürfnisse in mir gefunden. Sie lauten:

⇨ Anerkennung
⇨ Abenteuer
⇨ tiefe Liebe
⇨ besonders sein
⇨ Frieden
⇨ sinnvolles Leben

Bevor wir uns aber die einzelnen Punkte näher anschauen, noch eine Vorbemerkung: sehnsüchtig und bedürftig zu sein ist okay. Unser Leben ist ein Streben nach Glück. Wir sind Suchende. Wir suchen das, was wir schon erfahren haben. Wir wollen Glücksmomente wieder erleben. Und ich als Christ behaupte sogar, dass wir unsere Sehnsüchte auf dieser Welt nie ganz befriedigt bekommen. Ich behaupte, dass wir volle Zufriedenheit und Befriedigung unserer Sehnsüchte erst in einer anderen Dimension erleben werden, nämlich im Himmel.

Bist du bereit für einen Blick hinter meine und vielleicht auch deine Sehnsüchte!?

Anerkennung

Wir haben schon über unsere Suche nach Anerkennung am Anfang des Buches nachgedacht. Ich will, dass Menschen mich gut finden. Das, was ich bin, und das, was ich mache, sollen Menschen wertschätzen. Bei Kindern bemerkt man dieses Grundbedürfnis sehr schnell. „Schau mal, Mama, was ich gemalt habe." „Guck mal, Papa, ich kann ohne Hände Fahrrad fahren." Wir wollen gelobt werden, wahrgenommen werden, gekannt werden.

Sexuell: In der Sexualität versuchen wir diese Anerkennung zu finden. Wenn wir unsere Partnerin befriedigt haben, ist das für uns ein Zeichen der Anerkennung. Dann denken wir: „Ich habe es drauf." Wenn mich jemand berührt und befriedigt, dann habe ich das Gefühl, wertgeschätzt zu sein.

Porno: Es gibt keine Anerkennung, weil es kein reales Gegenüber gibt.

Abenteuer

James Bond, Indiana Jones und Superman sind nicht die Helden vieler Jungs, weil sie so brav bei Mutti in der Küche sitzen. Sie erleben Abenteuer, sie hängen sich aus Helikoptern, sie springen von Hochhaus zu Hochhaus, sie fahren Autos zu Schrott, sie küssen wildfremde Frauen. Wenn ich ehrlich bin, würde ich das alles auch gerne machen. Hinter meiner Lust nach Abenteuern steckt auch die Sehnsucht, „frei" zu sein. Fernab aller Zwänge und Gesetze einfach mit einem Motorrad mit 200 km/h über die Autobahn brettern, da spüre ich Freiheit und Abenteuerluft.

Sexuell: Die Geschlechtsteile zu entdecken, ist für viele Jungs ein großes Abenteuer. Das andere Geschlecht zu entdecken, ist erst recht ein großes Abenteuer. Und wenn man dann meint, eine Frau entdeckt zu haben, dann entdeckt man halt die nächste. Unsere Sexualität nur mit einer Partnerin auszuleben, erscheint uns als Einschränkung unserer Freiheit. Wir suchen im Sex Abenteuer, die es in Meetings und Gottesdiensten, in unserem Alltag nicht zu geben scheint. Nicht befriedigte Abenteuerlust und falscher Freiheitsdrang haben schon unendlich viele Beziehungen und Ehen zerstört.

Porno: Für mich war diese Sehnsucht nach Abenteuer einer der Hauptgründe, Pornos zu konsumieren. Aber ist vorm PC sitzen und masturbieren wirklich ein Abenteuer?

Tiefe Liebe
Andere Begriffe wären Nähe, Geborgenheit, Vertrauen oder Annahme. Wir sehnen uns danach, bedingungslos geliebt zu sein. Die Liebe unserer Mutter wird oft so empfunden. Ich sehne mich nach den Armen, die mich halten, nach jemandem, der mir sagt: „Ich liebe dich, wie du bist." Ich suche ein Zuhause, einen Ort, an dem ich sicher bin.

Sexuell: Sex hat sehr viel mit Nähe zu tun. In der Sexualität erlebt mich der andere nackt, ohne Schutz. Besonders Frauen empfinden dies stark, weil sie sich – im wahrsten Sinne des Wortes – für den Mann öffnen. Da, wo Sex ohne tiefe Geborgenheit und Vertrauen praktiziert wird, entstehen schnell Verletzungen. „Ich habe dir mein Intimstes geschenkt, wieso hast du mich ausgenutzt."

Pornos: Nähe, Geborgenheit, tiefe Liebe: Fehlanzeige!

Besonders sein
Wieso heulen wir bei Hochzeiten oder Heiratsanträgen? Ich glaube, weil ein Mensch einem anderen in dem Moment das Angebot macht: Du sollst (für immer) der/die ganz Besondere in meinem Leben

sein. Wir wollen auserwählt werden. „Aus der Masse der Milliarden von Männern/Frauen wähle ich dich!"

Sexuell: Die Uridee von Sex ist, dass man eine Person auswählt, mit der man seine Sexualität teilt. Meine Frau und ich hatten beide keine anderen Sexualpartner, bevor wir Sex hatten. Bis heute beflügelt mich diese Vorstellung: Sie hat mich auserwählt als ihren einzigen Sexualpartner.

Porno: Du bist nur einer von vielen!

Frieden

Das hebräische Wort für Frieden heißt Shalom und kann auch mit „Ganzheit, Ruhe, heil sein" übersetzt werden. Eine Welt ohne Krieg, Streit und Verletztwerden erscheint mir unglaublich attraktiv. Ich sehne mich bei all dem Trubel nach Chillen und Ausruhen. Ich sehne mich danach, nicht mehr sehnsüchtig zu sein, sondern Erfüllung und Frieden gefunden zu haben.

Sexuell: Den Moment nach einem Orgasmus beschreiben viele Menschen als einen friedlichen Moment. Vielleicht schlafen Männer deswegen oft so gut danach. Leider dauert dieser Moment des Friedens nicht sehr lange an.

Porno: Ein wissenschaftliches Ergebnis der Pro-Sieben-Sexstudie besagt: „Wir fühlen uns nach dem Sex mit einem Partner deutlich besser als nach der Selbstbefriedigung."[73]

Sinnvolles Leben

Schon Kinder haben das Bedürfnis etwas zu bauen, zu erschaffen. In uns steckt enorm viel Kreativität.

---

[73] Pro-Sieben-Sexreport 2008

Wir wollen gestalten. Und es tut uns gut, wenn wir erleben, dass wir durch das, was wir machen, anderen Gutes tun. Ganz einfach: Brot verschenken und erleben, wie jemand satt wird, macht mehr Spaß, als Brot zu klauen.

Sexuell: Gerne wird ein wunderbarer Effekt von Sex vergessen: Durch Sex kann aus einer Spermie und einer Eizelle ein Baby entstehen. Was für ein sinnvoller Aspekt von Sex. Außerdem können wir dem anderen beim Sex Glücksmomente schenken und ihm so etwas Gutes tun.

Porno: Du zeugst damit sicher nie ein Kind, und so richtig glücklich werden weder die Darsteller noch du.

Hast du dich in einigen der Sehnsüchte wiedergefunden? Wenn ja, was machen wir nun mit der Erkenntnis?

These A: Alle Bedürfnisse werden auch in der Sexualität gestillt, also lasst uns alle „rammeln" wie die Kaninchen.

These B: Alle Bedürfnisse werden in realen Beziehungen und einem verantwortungsvollen Lebensstil besser als in der Sexualität gestillt. Auch Singles, bewusst ehelos Lebende und Priester können ihre Sehnsüchte ohne Sex befriedigen.

These C: These B hat recht, aber es gibt auch einen spirituellen Aspekt. Was wäre, wenn Gott uns hilft, unsere Bedürfnisse zu stillen!?

These A kann schon allein deshalb nicht zutreffen, da 1. zum Sex zwei gehören und er immer aus freiem Willen geschehen sollte, 2. Sex allein für die Befriedigung der Sehnsüchte eben nicht ausreicht, 3. die meisten Sehnsüchte in der Sexualität nur erfüllt werden, wenn es eine feste Vertrauensbasis zwischen den Partnern gibt, 4. sie alle Menschen diskriminiert, die keinen festen Partner finden oder die entschieden haben, enthaltsam zu leben.

These B und These C finde ich da deutlich spannender. Testen wir sie einmal an den Bedürfnissen:

Anerkennung

Auch ohne Sex: Hier geht es einmal darum, sich selbst anzuerkennen. Ich bin okay so, wie ich bin. Oft warte ich darauf, von anderen zu hören, dass ich okay und toll bin. Aber ich darf lernen, mich selbst anzunehmen und anzuerkennen. Gute Freunde können einem viel Anerkennung schenken. Wenn wir uns anstrengen, etwas einüben, etwas leisten, dann werden wir dafür vermutlich Anerkennung und Respekt bekommen. Ich selbst hatte nie die Disziplin, einen Sport oder ein Instrument richtig gut zu beherrschen. In diesen Bereichen bekomme ich keine Anerkennung. Dafür kann ich gut quatschen, kochen und Filme drehen. Jeder kann irgendetwas und jeder kann Neues lernen.

Bei Gott: Schon ganz am Anfang der Bibel, im 1. Kapitel, lesen wir: *„Gott betrachtete alles, was er geschaffen hatte, und er hatte seine Freude daran: alles war sehr gut."*[74] Der Mensch war sehr gut. Christoph Pahl: Prädikat sehr gut! Wer sich in der Bibel aus-

---

[74] 1. Mose 1,31

kennt, weiß, dass später dann noch das „Problem" mit der Sünde dazukam und wir Menschen deswegen in unserem Herzen auch das Böse haben. Aber selbst das stellt für Gott kein wirkliches Problem dar: „Gott hat uns seine große Liebe gerade dadurch bewiesen, dass Jesus für uns starb, als wir noch Sünder waren."[75] Jesus hat die Sünde überwunden und unsere Schuld auf sich genommen, damit wir Gemeinschaft mit Gott haben können. Damit spricht das neue Testament von einer Anerkennung, die nicht an fromme Taten geknüpft ist, sondern die uns als liebenswerte Menschen akzeptiert, obwohl wir immer wieder scheitern und Schlimmes tun.

Abenteuer

Auch ohne Sex: Wenn du dein Leben langweilig findest, dann mach es dir spannend. Fang z.B. an, eine Frau zu erobern. Wenn wir verliebt sind, dann tun wir verrückte Sachen. Schreib ein Lied für sie. Klettere auf einen Turm und entroll ein Banner. Organisier ein Picknick auf einem Hausdach. Aber auch ohne Frauen gibt es Abenteuer: Such dir ein Hobby oder eine Sportart, bei dem man extreme Sachen macht. Eine der spannendsten Herausforderungen finde ich, ist, mit Kindern und Jugendlichen zu arbeiten. Sie überraschen einen immer wieder, man kann und muss Neues ausprobieren. Oder mach einfach mal etwas Verrücktes: Trampe ohne Geld durch dein Bundesland, Laufe laut singend mit einem MP3-Player auf den Ohren durch den Wald oder frage Menschen auf der Straße: „Kann ich für Sie beten?"

Bei Gott: Wer die Bibel liest, wird jede Menge

---

[75] Römer 5,8 Hfa

Abenteurer kennenlernen: David, der mit einem Riesen kämpft, Simson, der einen Löwen mit bloßen Händen tötet, Jesus, der 40 Tage in der Wüste überlebt, Petrus, der auf dem Wasser geht, die Jünger Jesu, die Krankenheilungen und Totenauferweckungen erleben. Oder lies mal das Buch der Bibel, das sich Apostelgeschichte nennt. Sie beschreibt das Leben der ersten Christen. Dort steht nichts von langweiligen Gottesdiensten. Da geht es um Verhaftungen, Steinigungen, Wunder, Schiffbruch, aufrüttelnde Predigten, lange Diskussionen ... Fahr auf eine Jugendfreizeit oder mach einen Hilfseinsatz mit Missionaren in Indien oder fang einfach mal an, mutig zu beten: Du wirst sehr wahrscheinlich erleben, dass Gott und an ihn zu glauben lebendiger und spannender ist, als du denkst.

Tiefe Liebe

Auch ohne Sex: Gute Freunde und eine liebevolle Familie können einem tiefe Geborgenheit und Nähe geben. Der Mensch braucht z.B. körperliche Berührungen. In Indien ist es für Männer ganz normal, dass sie Hand in Hand oder Arm in Arm durch die Stadt laufen. In Deutschland wäre man dann gleich „schwul". Wieso eigentlich? Jungs lieben Ringkämpfe und dass man ihnen auf die Schulter klopft. Vielleicht ist das ihre Form der Nähe. Tiefe Liebe ist natürlich mehr als nur die körperliche Ebene. Es bedeutet, angenommen zu sein und sich geborgen zu fühlen.

Bei Gott: Gott ist nicht einfach nur der „liebe Gott", wie es so oft heißt. In der Bibel lesen wir „Gott ist die Liebe"[76]. Nichts kann uns von dieser

---

[76] 1. Johannesbrief 4,8

Liebe trennen. „Gott liebte die Menschen so sehr, dass er seinen einzigen Sohn hergab."[77] Viele Menschen sagen, dass es ihnen nichts bringt, so etwas zu lesen, ohne diese Liebe erfahren. Das kann ich gut verstehen. Liebe kann man nicht rational verstehen, man muss sie fühlen. Um dir trotzdem versuchsweise einen Einblick zu geben, erzähle ich einfach davon, wie ich glaube, Gottes Liebe zu spüren.

Ich fühle sie:
⇨ wenn ich vor meinem vollen Frühstückstisch sitze.
⇨ wenn ich etwas Wunderbares in der Natur sehe.
⇨ wenn ich erlebe, dass Gott mir vergibt.
⇨ wenn ich glückliche Menschen sehe, die sich in die Arme fallen.
⇨ wenn jemand stirbt und ich hoffen kann, dass es ihm im Himmel gut geht.
⇨ wenn ich einsam bin und ich beten kann.
⇨ wenn ich leckeren Käse und einen Rotwein genieße.
⇨ wenn ich das Lächeln eines Kindes sehe.
⇨ wenn ich erlebe, dass das, was ich tue, anderen hilft.
⇨ wenn ich weine und in der Bibel ein tröstendes Wort finde.

Aber es gibt auch viele Momente, in denen ich sie nicht fühle und ich mich frage, wo sie ist, die Liebe Gottes. Und trotzdem ist sie die Liebe, die bleibt, auch wenn alles andere vergeht.

---

[77] Johannes 3,16

Besonders sein

Auch ohne Sex: Auch bei dem Thema können Freunde uns vermitteln: Du bist etwas ganz Besonderes für mich. Wir könnten das anderen jeden Tag vermitteln: „Du siehst heute besonders gut aus." „Dein Lob gestern hat mir besonders gutgetan." „Deine schöne Stimme hat man im Chor besonders gehört." „Dein Schrei beim Fußball war besonders laut." Wieso tun wir das nicht?

Auch hier ist es wie mit der Anerkennung. Wenn wir selbst nicht glauben, dass wir etwas Besonderes und Einzigartiges sind, werden wir anderen, die uns das sagen, nicht glauben. Deine Gene, dein Fingerabdruck, dein Typ ist einmalig und damit besonders (aber das musst du vielleicht nicht gleich bei jeder Gelegenheit raushängen lassen: Das wäre dann Angeberei und falscher Stolz).

Bei Gott: „Bei euch aber ist sogar jedes Haar auf dem Kopf gezählt"[78], lesen wir in der Bibel. Auch wenn einige Männer sagen: „Das kann ich bei meiner Halbglatze auch" ☺, so finde ich das doch einen beeindruckenden Gedanken. Gott macht sich die Mühe und zählt bei jedem von uns die Haare. Wir sind für Gott etwas Besonderes: Keine aus dem Urknall zufällig entwickelten Genklöpse, sondern Kunstwerke.

Frieden

Auch ohne Sex: Vielleicht kennst du sie, die Momente, in denen man einen tiefen Frieden spürt. Oder du kennst solche Orte, an denen man Ruhe und Frieden findet (ich meine damit nicht den Friedhof). Nach getaner Arbeit mit einem Stück Schokolade

---

[78] Lukas 12,7

auf dem Balkon sitzen und in den Sonnenuntergang schauen. Mit einem guten Freund ein Bier trinken und einfach mal unreflektiert quatschen. In den Armen eines Freundes einfach mal weinen zu können. Vielleicht kennst du auch Menschen, die Frieden ausstrahlen. Meine Mutter ist so eine Person, die meistens ausgeglichen wirkt und die ich als Ruhepol bezeichnen würde. Fast immer scheint sie Zeit für einen zu haben.

Bei Gott: Jesus sagt: „Zum Abschied gebe ich euch den Frieden, meinen Frieden, nicht den Frieden, den die Welt gibt."[79] Meine Mutter würde ihren Frieden übrigens auch auf Gott schieben.

Ich habe dieses Gefühl des Friedens, der tiefen Ruhe im Gebet, beim Beten mit anderen Menschen und gerade nach dem Bekennen von Schuld immer wieder erlebt. Man kann es schwer beschreiben, man muss es ausprobieren und erleben.

Sinnvolles Leben

Auch ohne Sex: Viele Menschen, die nie ein Kind gezeugt oder nie Sex hatten, haben ein sehr sinnvolles Leben geführt. Im letzten Jahr habe ich Schwestern aus dem Orden von Mutter Theresa kennengelernt. Diese Schwestern haben beschlossen, ihr Leben für Kranke, Ausgestoßene und Arme zu leben. Sicher haben auch sie Sehnsüchte, aber sie haben ihren Sinn darin gefunden, für andere da zu sein und anderen zu helfen. Von ihnen können wir viel lernen. Jedes Lächeln, das du schenkst, jeder Cent, den du spendest, jeder Mensch, dem du Hoffnung gibst, jede Tat, die sich für Gerechtigkeit einsetzt, jedes

---

[79] Johannes 14,27

Gebet, das du sprichst ... bringt etwas Gutes für diese Welt und bringt Sinn in dein Leben. Übrigens, wenn ich auf einer unserer Jugendfreizeiten im Einsatz bin, ist meine sexuelle Lust fast null. Die Action und die frohen Kids, die ich da erlebe, machen viel zufriedener als sexuelle Gedanken.

Bei Gott: Mutter Theresa sagte einmal: „Anfangs glaubte ich, bekehren zu müssen. Inzwischen habe ich gelernt, dass es meine Aufgabe ist, zu lieben. Und die Liebe bekehrt, wen sie will."

Jesus spricht davon, dass man Christen an ihrer Liebe untereinander erkennen wird. Gott spricht auch davon, dass wir diese Welt bebauen und bewahren sollen. Diese Welt braucht noch viele gute Nachrichten, viel Liebe und viel Bewahrung, es gibt noch genug für dich zu tun.

Damit ich nicht falsch verstanden werde, nochmal zwei wichtige Basics:

1. Wir werden (auf dieser Erde) immer bedürftige Wesen bleiben. Sehnsucht gehört zu unserm Leben dazu. Es ist okay, Sehnsüchte zu haben.
2. Natürlich gibt es auch ein biologisches Grundbedürfnis nach Sexualität. Aber es ist nicht der große Motor hinter unserem Wunsch nach Sex, sondern nur ein kleines Rädchen.

Kannst du dir das vorstellen, dass sich in deinem Wunsch nach Pornos, Orgasmen und Sex eigentlich tiefere Bedürfnisse verbergen?

Könnte es vielleicht sogar sein, dass ein Grund

für starke Sehnsucht eine Mangelerfahrung in der Kindheit liegt?

Könnte es sein, dass ein Teil deiner sexuellen Energie umgewandelt werden kann in die Lust auf tiefe Gemeinschaft mit Menschen und in die Lust darauf, sinnvolle Sachen zu machen?

Könnte es sein, dass die christliche Botschaft von Liebe, Vergebung und sinnerfülltem Leben eine Hilfe auf dem Weg ist?

In der Einleitung für das Buch habe ich geschrieben, dass ich nur Erfahrungen, wissenschaftliche Thesen und meine Meinung beschreibe. Du musst dir *deine* Meinung bilden: Kann das stimmen? Kann mir das helfen?

Exkurs: Selbstbefriedigung und Umgang mit sexueller Lust

Ehrlich gesagt, habe ich mich um diesen Exkurs beim Schreiben des Buches etwas gedrückt. Ich weiß, dass viele verantwortungsbewusste Männer laut und die meisten leise diese eine Frage stellen: „Wie kann ich erfüllt und froh mit meiner Sexualität leben?" Ein strittiges Thema, besonders in christlichen Kreisen, ist der Umgang mit Selbstbefriedigung. Nach einem Seminar zum Thema Pornos habe ich einen Feedbackzettel verteilt, auf dem auch die Frage stand: Welches Thema wäre dir in einem Buch über Pornokonsum wichtig? Die häufigste Antwort lautete: „Selbstbefriedigung". Auch ich kenne zu dem Thema die verschiedensten Ansichten. Das Spektrum reicht von „das Ziel muss sein, sich nie zu befriedigen" bis zu „ist doch gut, wenn man sich selbst entdeckt und seine Lust ausleben kann". Bevor ihr aber meine momentane ganz persönliche Meinung lest, erst noch mal ein paar Vorbemerkungen:

- Selbstbefriedigung führt nicht zu Akne, krummen Händen oder früher Impotenz.
- Fast jeder Mann und sehr viele Frauen haben sich schon mal selbst befriedigt und tun es auch in der Partnerschaft immer mal wieder.
- Auch wer sich nicht oder wenig selbstbefriedigt hat, kann ein gutes Sexualleben haben. Man muss nicht üben.
- Einen Orgasmus kann man auch einfach so bekommen. Zum Beispiel bei einem feuchten Traum, wenn man mit einem Mädchen kuschelt, oder auch sonst, wenn man erregt ist. Das ist okay und muss niemandem peinlich sein.
- Selbstbefriedigung selbst wird in der Bibel nicht als Sünde bezeichnet oder verboten.[80]
- Selbstbefriedigung kann besonders in der Pubertät helfen, seinen Körper wahrzunehmen und zu entdecken.

Auch wenn das alles eher für Selbstbefriedigung spricht, habe ich noch ein paar „aber" einzufügen.

---

[80] In 1. Mose 38,9 wird die Geschichte von Onan erzählt. Daher kommt das Wort onanieren. Wenn man die Geschichte liest, merkt man aber, dass es dabei nicht um Selbstbefriedigung geht.

Selbstbefriedigung ist okay, aber ...

- ähnlich wie bei Pornos ist auch hier die große Frage: Versuche ich eine Leere in mir zu füllen? Ist sie ein Mittel, um mit Frust oder Stress umzugehen? Und gibt es da nicht bessere Lösungen?
- vergiss nicht, dass es eine sehr egoistische Form von Sexualität ist und dass Sex in einer lebenslangen Partnerschaft etwas ganz anderes und Intensiveres sein kann.
- wie bei jedem Genussmittel kann übermäßiger Genuss schaden. Es kann zur Sucht werden und wird dadurch dann auch Sünde (Was ich darunter verstehe, erläutere ich in Kapitel 7).
- es stellt sich die Frage nach den Gedanken und den Bildern, die ich mir dabei mache. Stelle ich mir konkrete Menschen vor, dann werden sie – ähnlich wie beim Porno – zur Masturbationsvorlage degradiert. Doch kann man sich eigentlich befriedigen ohne pornografische Bilder und Gedanken im Kopf? Ja, das kann man lernen. Gerade wenn du stark von Pornos geprägt bist, musst du das erst üben. Welche Gedanken okay sind, das kann man gut im Gespräch mit erfahrenen Männern rausfinden.
- man sollte nicht gleich jeder Lust nachgeben. Du bist kein reines Triebtier. Es ist wichtig zu lernen, sich zurückzuhalten, das wird dir in einer Partnerschaft dann helfen.
- in einer Partnerschaft darf Selbstbefriedigung

nie dazu führen, dass man weniger Lust auf Sexualität mit seiner Frau hat. In der Partnerschaft kann es ein gutes Prinzip sein, dass man nach der Selbstbefriedigung mit dem anderen darüber redet. Offenheit!

Ich schreibe hier bewusst meine persönliche Meinung und lehne mich dabei etwas aus dem Fenster: Meine Aussage gilt für Jungs, die nicht in einer sexuell aktiven Partnerschaft leben. Wer sich vorgenommen hat, auf Masturbation zu verzichten, den möchte ich ermutigen, das durchzuziehen. Aber ich denke auch, wer als junger Mann ab und zu masturbiert und dabei auf seine Gedanken und Sehnsüchte achtet, der lebt – meiner Meinung nach – eine Form von Sexualität, die okay ist. Wenn es bei dir öfter vorkommt, dann kannst du ähnliche Schritte wie in Kapitel 8 beschrieben ausprobieren.

Vermutlich hast du öfter als nur ab und zu sexuelle Lust. Wir werden heute in den Medien und durch die knappe Bekleidung vieler Mädels sehr vielen Reizen ausgesetzt. Was die meisten christlichen Ratgeberbücher zu dem Thema sagen, ist in dem Buch „Männer sind einfach" gut auf den Punkt gebracht: „Ratgeberbücher für Männer empfahlen an dieser Stelle immer: ‚Einfach wegschauen!' Was ungefähr so realistisch ist wie ein Wohnortwechsel nach Grönland. Oder ‚die Augen schließen und beten!' Was beim Autofahren gefährlich ist und in der U-Bahn zu verpassten Haltestellen führt."[81]

---

[81] Giesekus/Malessa, Männer sind einfach S. 29

Wir sind Männer und uns fallen Frauen nun mal auf. Dagegen können wir erst mal nicht viel machen. Ob wir die Gedanken aber weiter ausspinnen, in Tagträume verfallen oder ewig gaffen, das können wir schon beeinflussen. Denn da sind wir wieder anders als der Dackel. Ich denke, es ist wichtig, „cool" zu bleiben. Einfach registrieren und weitergehen. Wenn ich attraktive Frauen wahrnehme, dann danke ich Gott manchmal dafür, dass er so schöne Wesen geschaffen hat.

In Beziehungen tut es auch gut, darüber zu reden, wen man schön oder sexy findet. Das bewahrt einen vor Tagträumen und gleichzeitig lernt man den andern besser kennen.

Natürlich kann auch wegschauen oder Orte meiden, an denen man verführt wird, eine gute Lösung sein. (Ein Wort an die Frauen: wenn ihr bei eurer Kleidung auf kleinere Ausschnitte und etwas weitere Shirts achten würdet, würde uns das auch helfen).

Insgesamt finde ich es wichtig, unverkrampft an die ganze Sache heranzugehen. Es ist auch enorm bedeutsam, einen guten Umgang mit dem Thema Nacktheit und mit Mädels zu haben. Wer zum Beispiel beim Sport oder in der Jugendarbeit nichtsexuelle Kontakte zu Mädchen hat, wird auch weniger verklemmt sein. Oder wer als Kind seine Geschwister oder Eltern auch mal nackt gesehen hat, hat auch oft einen natürlicheren Umgang mit Nacktheit.

Wie bei so vielen Dingen kommt es auf deine Grundhaltung an. Wenn du schon suchend und sabbernd durch die Gegend läufst und Sex dein großes Thema ist, dann wirst du nur schwer cool bleiben können, wenn der Minirock vor dir auftaucht. Wenn du aber weißt, dass dich Frauen erregen können und du dein Leben mit Themen gefüllt hast, die wichtiger als Sex sind, dann wirst du wahrscheinlich ziemlich cool bleiben können. Und bei all den Gedanken dürfen wir nicht vergessen, dass Sex mit deiner festen Partnerin, die dich liebt, etwas Besonderes sein wird. Dafür lohnt es sich dann auch, ab und zu mal zu verzichten. Denn Verzicht und Abstinenz können die Lust steigern (siehe Exkurs (Internet)-Sex-Sucht S. 136) Und sexuelle Lust war ja auch Gottes Idee. Da sind wir schon bei Kapitel Nummer 7.

7. Was macht Gott mit Pornosündern?

Wie geht es dir mit der Vorstellung, dass nun Gott ein ganzes Kapitel gewidmet wird? Vielleicht sagst du: „Och nö, muss das sein" oder „Ja, endlich kommt die Bibel ins Spiel." Zu meiner persönlichen Geschichte mit Pornos gehört das Thema Glaube einfach unmittelbar dazu. Und bevor wir in die Bibel schauen, will ich noch zwei Begriffe aus der Überschrift kurz klären: „Gott" und „Sünder".

Gott
Wer oder was oder wie ist Gott?
Kinder schreiben folgende Briefe an Gott:

*   Lieber Gott, warum sieht man dich nie im Fernsehen?
*   Lieber Gott, mein Vater versteht nichts vom Feueranmachen, er bringt's einfach nicht fertig. Könntest du bitte einen brennenden Dornbusch in unseren Garten stellen?
*   Lieber Gott, wenn du das Baby nicht wieder zurücknimmst, werde ich mein Zimmer nicht aufräumen.
*   Lieber Gott, ich tue mein Bestes.
*   Lieber Gott, mit mir kannst du rechnen. Dein Freund Uli.
*   Lieber Gott, lässt du gerne mit dir schmusen?
*   Lieber Gott, ich war bei einer Hochzeit. Denk dir, sie küssten sich mitten in der Kirche, darf man das?

• Lieber Gott, niemand will meine Freundin sein, wenn man so dick ist wie ich.[82]

Die Briefe zeigen, wie unterschiedlich die Bilder von Gott sind. Und das ist nicht nur bei Kindern der Fall. Ist Gott nun der böse alte Mann, der sich immer im Himmel versteckt? Oder kann man mit Gott sogar schmusen und ihm seine größten Sorgen bringen? Und es stellt sich die große Frage: Mag Gott Küsse oder mag er vielleicht sogar Sex?

Wie ist Gott für dich? Welches Gottesbild hast du, vielleicht schon seit deiner Kindheit, entwickelt? Gibt es ihn überhaupt? Oder ist er eine nette Erfindung der Menschen?

Oft ist unser Gottesbild sehr stark von Christen geprägt, die wir erlebt haben. War der Pfarrer motzend und streng, dann muss Gott wohl auch ein bisschen so sein. Oder war die Christin in meiner Klasse hübsch, liebevoll und keusch, dann ist Gott wohl auch so. Wenn ich mit Menschen über Gott rede, dann frage ich mich oft, ob wir irgendwie aneinander vorbeireden. Sie reden von Kreuzzügen, von der reichen katholischen Kirche, die Verhütung verbietet, von pädophilen Pfarrern und von langweiligen Gottesdiensten. Ich verstehe, was sie beschreiben, aber sie reden nicht von dem Gott, an den ich glaube. Es ist absolut klar, Kreuzzüge und pädophile Pfarrer sind furchtbar, schlimmer als furchtbar. Aber meine Gesprächspartner reden nicht von Gott, Sie reden von Christen, von Kirchengeschichte und von ihren Erlebnissen mit Menschen. Doch wo ist Gott?

---

[82] Neue Kinderbriefe an den lieben Gott. Gütersloher Taschenbücher

Könnte es sein, dass Christen einfach nur ganz hässliche Bilder von Gott gemalt haben? Wieso machen wir uns nicht auf die Suche nach dem Original?

Ich will hier nicht von meinem Gottesbild schreiben, aber ich will dich ermutigen, dir die Frage zu stellen: Wie sieht dein Gott aus? Welche Eigenschaften hat er? Auch Christen will ich immer wieder ermutigen, sich diese Frage zu stellen: Wie ist Gott? Woher hast du dein Wissen über Gott? Die Frage nach Gott muss jeder für sich entscheiden, aber viele Menschen stellen sie gar nicht mehr. Um Gott kennenzulernen, hilft es, Christen zu treffen, hilft es, in die Bibel zu schauen, hilft es, vielleicht mal ein „Versuchsgebet" zu beten. In diesem Kapitel werde ich über Gott reden, so wie ich meine, ihn entdeckt zu haben und immer wieder neu entdecke. Lass dich mal auf die Frage ein: Wie sieht dein Gott aus?

SÜNDER

Ein Gottesdienst: Am Eingang bekommt jeder Besucher eine kleine Butterbrottüte mit dem Hinweis „noch nicht öffnen". Nach Liedern und Gebet startet die Predigt. Der Prediger erzählt irgendwas über Gott und die Welt. Nach ein paar Minuten kommt der mit Spannung erwartete Moment: man darf die Tüte öffnen und eine Art Gummibärchen herausholen. Lecker. Alle Gottesdienstbesucher beißen genüsslich in die Süßigkeit. So macht Kirche Spaß. Aber Moment, die ersten Besucher verziehen den Mund. Einer ruft „Igitt"! Ein anderer spuckt das Gummiteil wieder in die Tüte. Das leckere Bärchen schmeckt nur kurz süß und entfaltet dann sein ganz besonderes Aroma: Chili. Während der Prediger schadenfroh grinst, sagt er: „Und genau so ist Sünde."

Dieser schadenfrohe Prediger ist mir sehr gut bekannt, ich sehe ihn täglich im Spiegel.

In einem Comic fragt ein Soldat Hägar: „Ist Essen eigentlich Sünde?" Hägar fragt zurück: „Macht es Spaß?" „Ja", antwortet der Soldat. „Dann ist es bestimmt Sünde", kontert Hägar. Zum Glück ist Hägar ein besserer Seefahrer als Theologe. Aber irgendwie hat sich dieses Bild in unseren Köpfen festgesetzt: Alles, was Spaß macht, das hat Gott verboten und das ist Sünde. Gerade im Bereich Sexualität scheint Gott da ein echter Spaßverderber zu sein. Das Bild mit dem Chili-Gummibärchen hilft mir ein bisschen, Gott zu verstehen. Viele Sachen sehen heutzutage lecker aus, scheinen schnelles Glück zu versprechen, aber haben dabei doch einen bitteren (oder scharfen) Beigeschmack.

Geld zu klauen hat Gott „verboten", nicht um mir den Spaß zu nehmen, sondern um Menschen zu beschützen und Gerechtigkeit herzustellen. Lügen hat Gott „verboten", denn die Unwahrheit zu sagen schadet fast immer meiner Glaubwürdigkeit oder anderen Menschen. Sex außerhalb geregelter Beziehungen hat Gott „verboten", weil Menschen dabei seelisch verletzt werden können und zu Sex

Verantwortung gehört. Gott ist kein Spaßverderber, sondern er will uns durch seine Warnschilder (Gebote) vor Schlimmerem warnen.

Du kannst dieses Schild einfach überfahren und vielleicht macht es für einen kurzen Moment richtig Spaß, Gas zu geben, doch die Konsequenzen können nass, kalt und tödlich sein.

Die gute Nachricht ist, wir sind alle Sünder. Es gibt nicht nur besondere Steuersünder, Parksünder oder Pornosünder, sondern es gibt einfach „Menschensünder".

Mutter Theresa war ein Sünder. Meine Oma – eine unglaublich liebe Oma – sie war Sünder. Ich, Sünder. Und man glaubt es kaum, auch Barak Obama ist Sünder.

Darüber kann man sich aufregen oder man kann aufatmen, weil keiner besser oder schlechter ist. Martin Luther hat es auf den Punkt gebracht: „Gott hasst die Sünde, Gott liebt den Sünder."

Sünde heißt im griechischen „harmatia". Das schrien die Hauptmänner immer, wenn die Bogenschützen beim Training mal wieder am Ziel vorbeigeschossen hatten. Harmatia bedeutet übersetzt „Zielverfehlung, am Ziel vorbei". Sünde ist Zielverfehlung. Gott hat für uns, für unsere Beziehungen, für unser Leben, für unseren Umgang mit der Welt gute Ziele gegeben. Er hat Vorschläge, wie wir gut mit uns und mit anderen auskommen können. Gott will, dass unser Leben gelingt. Gott will, dass wir frei sind,[83] dass unsere Beziehungen heil sind, dass auch die Beziehung zu Gott heil ist, dass wir diese Welt/diese Gesellschaft positiv gestalten. Nochmal: Gott will das pralle Leben.

Der Mensch – ich und sogar du – verpassen die Ziele Gottes, weil wir uns anders entscheiden. Wir haben von Gott die Entscheidungsfreiheit bekom-

---

[83] Galater 5,13

men. Klar kannst du Pornos anschauen, Gott wird nicht den Strom der ganzen Siedlung abschalten oder dein Geschlechtsteil vertrocknen lassen. Es ist unsere Entscheidung, aber wer vorbeischießt, der muss mit den Konsequenzen leben und leider müssen es andere Menschen oft auch. Wenn ich von Sünder rede, dann meine ich nicht die moralische Verwerfung Einzelner, sondern Gottes Umschreibung von Menschen, die außerhalb seiner Ideen für gelingendes Leben handeln.

Und wie Gott mit Sündern umgeht und wie man Sünde loswird, dazu später mehr.

DIE BIBEL

Einige mag es überraschen, aber auch nach intensiver Lektüre konnte ich in der Bibel keine Stellen über Playboy-Heftchen, Porno-DVDs oder Internet-Sex finden. Da die Bibel aber ein Buch aus dem Leben ist, gibt es doch so ein paar Stellen, die uns aufzeigen, dass sexuelle Lust keine Erfindung der 68er Generation ist.

Der Spanner

Es war einmal ein König, der war schon viele Jahre in Amt und Würden und hatte mit der Zeit einen Bauch bekommen. Es war mal wieder Zeit, dass das Heer in den Krieg ziehen sollte. Aber der gelangweilte König wollte diesmal nicht kämpfen und schickte seinen Vertreter in die Schlacht. So lebte der König in Saus und Braus und beglückte immer mal wieder seinen Harem. Eines schönen Tages verbrachte er wie so oft einen Tag „gechillt" im Bett. Am Abend stand er dann doch mal auf und lief direkt von seinem Schlafzimmer aus auf seine Dachterrasse. Sein Palast war das höchste Gebäude der Stadt und er hatte einen herrlichen Ausblick. Er sah in der Ferne Wälder und vor ihm seinen grünen Palastgarten. Zur Rechten lag die Stadt mit vielen eng aneinandergebauten Häusern. Unter ihm schrien Kinder, und er beobachte das Treiben auf dem benachbarten Marktplatz. Sein Blick schweifte weiter über Dächer, Häuser und ... der König stockte. Er merkte, wie all seine Müdigkeit auf einmal verflogen war. Er sah etwas, das ihm sehr gefiel. Nein, „gefiel" war der falsche Ausdruck. Dem König wurde ganz warm und seine Rückenmuskeln verkrampften sich. Seine Augen hatten auf einer benachbarten Terrasse eine Badezeremonie erblickt. Doch dort badete nicht irgendwer. Der König hatte schon viele Frauen gesehen, aber die Gestalt, die er – durch die Entfernung etwas unscharf – beim Baden beobachtete, die war von Gott ganz wunderbar mit weiblichen Attributen versorgt worden. In dem König war nur noch ein Gedanke: ‚Diese Frau will ich haben.' Gedacht, getan, so ließ er seine Diener herausfinden, wer diese Schönheit sei. Schade eigentlich, dass die Frau mit einem großen Kriegshelden verheiratet war. Doch wofür ist man eigentlich König? Er ließ die Schönheit zu sich holen und tat nun das mit ihr, was er sich auf der Terrasse ausgemalt hatte. Etwas ungeschickt, dass zur Zeit des Königs die Verhütungsindustrie noch ganz am Anfang stand, denn die Hübsche war nach dem Besuch schwanger geworden. Der König reagierte prompt und verschrieb dem Kriegshelden Heimaturlaub. Da dieser aber voll zu seiner Truppe stand, schlief er nicht bei seiner Frau zu Hause. Der König versuchte, ihm gut zuzureden und half mit jeder Menge Wein nach. Aber er konnte den Held nicht dazu bewegen, seine Frau zu beglücken (was für ein Mann!?). Nun wurde der Kriegsheld zurück aufs Schlachtfeld geschickt. Dort wurde er beim nächsten Angriff in die erste Reihe gestellt und damit war dieses Problem für den König für immer erledigt. Die arme trauernde Witwe kam in den Harem des Königs, ein Sohn wurde geboren und sie lebten glücklich bis an ihr Lebensende.

Was wie ein Märchen klingt, ist eine freie Nacherzählung der biblischen Geschichte in 2. Samuel, Kapitel 11. Der König hieß David, die hübsche Badenixe heißt Bathseba und der tote Mann mit der großen Selbstdisziplin war Uria. In meiner Nacherzählung steckt ein großer Fehler: Der letzte Satz des Kapitels in der Bibel heißt nicht „sie lebten glücklich bis an ihr Lebensende", sondern: „Aber dem Herrn missfiel die Tat, die David getan hatte."

Die Geschichte ging noch weiter.

David war ein sehr geachteter und gottesfürchtiger König, aber trotzdem ein Sünder. Einige Zeit später kam sein Freund und Priester Natan zu Besuch. Er erzählte David eine Geschichte: *„Ich muss dir einen Rechtsfall vortragen: Zwei Männer lebten in derselben Stadt. Der eine war reich, der andere arm. Der Reiche besaß eine große Zahl von Schafen und Rindern. Der Arme hatte nichts außer einem einzigen kleinen Lämmchen. Er hatte es gekauft und zog es zusammen mit seinen Kindern bei sich auf. Es aß von seinem Brot, trank aus seinem Becher und schlief in seinem Schoß. Er hielt es wie eine Tochter. Eines Ta-*

ges bekam der reiche Mann Besuch. Er wollte keines von seinen eigenen Schafen oder Rindern für seinen Gast hergeben. Darum nahm er dem Armen das Lamm weg und setzte es seinem Gast vor." David brach in heftigen Zorn aus und rief: „So gewiss der Herr lebt: Der Mann, der das getan hat, muss sterben! Und das Lamm muss er vierfach ersetzen – als Strafe dafür, dass er diese Untat begangen und kein Mitleid gehabt hat!" „Du bist der Mann!", sagte Natan zu David.*

Diese Geschichte aus der Bibel steht in 2. Samuel 12,1-7.

Anschließend ermahnt Natan David und kündigt ihm Unheil an für seine gottlose Tat.

König David kapiert und sagt zu Natan: „Ich bekenne mich schuldig vor dem Herrn!" (Vers 13).

Ich mag diese Geschichte, weil sie mitten aus dem Leben ist und weil sie – wie so oft in der Bibel – die Schwäche eines frommen Helden aufzeigt. In dieser biblischen Erzählung können wir auch einiges in Bezug auf das Thema Pornografie entdecken.

1. Das gefährliche Auge

Das menschliche Auge ist im Durchschnitt 2,3 cm lang. Unser Sehnerv, der die Bildinformationen zum Gehirn weiterleitet, ist ungefähr einen Millimeter dick und enthält ca. eine Millionen Fasern. „Nur" knapp 40 Millionen Lichtinformationen verarbeitet unsere Pupille pro Sekunde. Unsere Netzhaut, die ungefähr so groß wie eine Briefmarke ist, besitzt knapp 130 Millionen Sehzellen. 505 Millionen Mal blinzelt ein Mensch im Leben.

Das Auge ist ein faszinierendes Organ. Ein kleines Wunder der Schöpfung. Und dieses so kleine Organ spielt in unserem Leben eine extrem bedeutsame Rolle. Wissenschaftler fanden heraus, dass 70 Prozent unserer Handlungen durch visuelle Informationen ausgelöst werden. 70 Prozent!!! So war es auch bei David, der die hübsche Bathseba zuerst in seinem Blickfeld hatte und dann in seinem Bett.

In der Bibel ist das Auge mehr als ein wundersames Organ. Es wird immer wieder mit unserem Herzen und unserem Inneren in Verbindung gebracht. Jesus sagt deutlich: „Wenn aber dein Auge verdorben ist, so wird dein ganzer Leib finster sein" (Matthäus 6,23). Und er wird noch krasser: „Schon, wer eine Frau mit begehrlichem Blick ansieht, der hat im Herzen mit ihr die Ehe gebrochen" (Matthäus 5,28).

Übertreibt Jesus da nicht ein wenig? Ein Kumpel von mir sagte immer: „Gucken darf man, nur nicht anfassen."

Hat nicht jeder Mann schon mal begehrlich geschaut? Sei es bei der hübschen Kellnerin oder bei der BH-Werbung an der Bushaltestelle. Bei Aussagen von Jesus, die ich nicht so ganz verstehe, versuche ich mir zu überlegen, wieso steht das so in der Bibel? Ein armenisches Sprichwort sagt: „Was man durch die Augen sieht, wird das *Herz* niemals *vergessen.*" Das stimmt! In meinem Kopf sind noch heute Szenen aus einem Sexfilm, den ich mit ungefähr 13 Jahren das erste Mal gesehen habe. Viele Männer berichten, dass sich pornografische Bilder in ihr Gedächtnis geradezu eingebrannt haben. Oft sind es gerade die Szenen, die uns besonders ekelhaft oder abstoßend vorkommen. Gott will nicht, dass wir solche Bilder mit uns herumtragen. Deswegen warnt uns die Bibel, unsere Augen, und damit unser Herz, zu hüten und zu überlegen, womit wir sie füttern und wie wir mit dem umgehen, was wir sehen.

Die Brust und der Po einer Frau machen mich auf Dauer nicht glücklich, aber ihr Humor, ihre Liebe, ihre Freundschaft, ihr Charakter schon. Die Bibel wusste das schon immer. Schade, dass David sie noch nicht zum Lesen hatte.

2. Wer Langeweile hat, hat viel Zeit für dumme Gedanken

„David selbst blieb in Jerusalem" (2. Sam 11,1). Über diesen Satz liest man in unserer Geschichte schnell drüber. Das gesamte Heer Israels ist auf Kriegszug, nur der oberste Kriegsherr, der König, bleibt dieses Jahr lieber zu Hause auf der Couch und schaut sich nochmal die Bilder von seinem Sieg über Goliath an. David hält lange Mittagsschlaf und da der Hofnarr an diesem Tag freihat, spaziert er gelangweilt auf seinem Balkon auf und ab. David ist da nicht der Einzige:

„Am meisten Lust auf Pornos hab ich, wenn ich alleine vor meinem PC sitz, nichts Bestimmtes zu tun hab, aber mich irgendwie beschäftigen will." (David, 17) Und Max (24 Jahre, verheiratet) sagt: *„Am meisten ziehen mich Pornos an, wenn mir langweilig ist."*

Schon vor vielen 1000 Jahren war Langeweile eine super Chance, um auf dumme Ideen zu kommen.

Gottes Idee für unser Leben ist nicht, dass wir gelangweilt auf der Terrasse spazieren gehen, sondern dass wir uns den Anforderungen (Kämpfen) des Lebens stellen. Gott gibt uns den Auftrag, Menschen zu lieben (1. Johannes 4), die Schöpfung zu bebauen und zu bewahren und vielen Menschen die Liebe Gottes vorzuleben und von ihr zu berichten.

Natürlich sieht auch Gott Phasen der Stille und chillige Sonntage vor. (Mehr dazu in Kapitel 8).

3. Vom Spanner zum Mörder

David hat erst mal nichts „Schlimmes" gemacht. Er schaut vom Balkon aus einer Frau beim Baden zu. David hätte sich denken können: „Was für eine schöne Frau, sie sollte sich nicht so freizügig zeigen, ich lasse ihr einen Duschvorhang vorbeibringen."

Leider war er nicht so großzügig. Stattdessen wird er 1. zum Ehebrecher, 2. zum Lügner und 3. zum Mörder. Und das alles nur wegen einem kurzen Blick.

Hier sind wir bei einem heiklen Thema angekommen. Verstärkt der Konsum von Pornografie die Gewaltbereitschaft und fördert Vergewaltigungen?

Wie so oft in der Wissenschaft gibt es hierzu verschiedene Forschungsergebnisse. Eine Auflistung verschiedenster Studien, die belegen, dass es einen Zusammenhang zwischen Pornokonsum und Gewaltanwendung oder Vergewaltigungsbereitschaft gibt, hat Thomas Schirrmacher in dem Buch „Internetpornografie" zusammengestellt.[84] Doch gerade aus den 70er Jahren gibt es Studien, die diesen Zusammenhang bestreiten. Für mich ist es allerdings logisch, dass der regelmäßige Konsum harter Pornos die Vergewaltigungsbereitschaft erhöht. Wenn ich dauernd Leichen im Fernsehen sehe, schockiert mich eine reale Leiche weniger. Wenn ich dauernd lese, Fast-Food ist nicht ungesund, esse ich mehr davon. Wenn ich dauernd sehe, dass Schmerzen Frauen Lust

---

[84] Schirrmacher, Internetpornographie S. 87f

bereiten, dann bin ich offener, das auch mal auszuprobieren. Dies gilt besonders für psychisch labile Menschen oder für Jugendliche, die durch Pornos denken, das wäre Sex und so seien Frauen.

Die Geschichte wirft noch eine weitere Frage auf: Führt der Konsum von Pornos zu Ehebruch und Scheidung? Hierzu habe ich keine wissenschaftliche Studie gefunden. Ich kann nur von mir berichten, dass ich zu der Zeit, in der ich Pornos konsumiert habe, offener für einen Seitensprung gewesen bin als heute. Das Thema Sex war in meinem Kopf präsenter. Im Internet findet man nicht nur Bilder und Videos, sondern auch passende Chats. Männer, die Pornos konsumieren, berichten von einer Unlust, mit ihrer Partnerin zu schlafen. Andere wollen das Gesehene gerne ausprobieren. Und wenn die Partnerin das nicht will? Sicher findet sich irgendwo jemand anderes, der bzw. die dazu bereit ist!

Bei meiner Arbeit als Jugendreferent begegne ich öfters Jugendlichen aus Scheidungsfamilien. Immer wieder waren auch Seitensprünge der Auslöser. Ich finde es bemerkenswert, wie souverän viele mit der Situation umgehen. Aber wenn sie ganz ehrlich werden, berichten die allermeisten von Verletzungen, der Sehnsucht nach einer heilen Familie und der eigenen Schwierigkeit beim Aufbau von Beziehungen. Oft leiden sie enorm unter den Folgen der Scheidung ihrer Eltern.

Wäre es nicht toll, in einer Welt ohne Vergewaltigungen und Ehebruch und ohne das damit verbundene Leid zu leben!? Das ist auch Gottes Traum.

4. Der Freund an seiner Seite

Natan war ein sehr schlauer Prophet. Er wusste genau, dass er David nicht direkt auf sein Fehlverhalten ansprechen konnte. Wahrscheinlich würde er sich rausreden. Und so nutzt er sein Talent, Geschichten zu erzählen, und hält David mit seiner Erzählung deutlich und doch liebevoll den Spiegel vor. David steigt voll ein und wird emotional von dem Unrecht in der Geschichte berührt. Als Natan dies bemerkt, sagt er David ganz direkt ins Gesicht, dass er Unrecht getan hat, dass er Menschen geschadet hat.

Hast du einen Natan in deinem Leben?

Welcher Mensch mag dich so sehr, dass er dir liebevoll die Wahrheit sagt?

Es gibt genug Leute, die mich mögen und mich deswegen lieber nicht kritisieren. Und es gibt Leute, die mich nicht so mögen und mich deswegen ordentlich kritisieren. Es ist angenehm, die netten Leuten um mich zu haben, aber sie bringen mich nicht weiter. Die Kritiker, die mich nicht mögen, werde ich nicht wirklich ernst nehmen können. Doch zum Glück gibt es noch die kleine Gruppe Menschen, die mich sehr lieb haben und mich deswegen kritisieren. Nur dass das klar ist, das macht keinen Spaß. Aber ich brauche Menschen, die mir den Spiegel vorhalten. Ich brauche Menschen, die mir sagen: „Christoph, da bist du auf dem falschen Weg." Wer ist dein Natan?

Wieso Gott (vermutlich) gegen Pornos ist

1. Weil er Sexualität in einem intimen und respektvollem Schutzrahmen zwischen zwei Partnern gedacht hat.

Gott mag Sex! Diese Aussage passt für viele nicht zu ihrem Gottesbild und für andere ist ihr Erleben von Sex ganz und gar nicht göttlich. Aber Gott hat Sex erfunden und das nicht nur, um Kinder zu zeugen. Schon ganz am Anfang der Bibel sagt Gott, wie er sich das vorstellt: „Deshalb verlässt ein Mann Vater und Mutter, um mit seiner Frau zu leben. Die zwei sind dann eins, mit Leib und Seele" (1. Mose 2,24). Leib *und* Seele. Sexualität hat für Gott immer etwas mit der Seele, unserem Herzen zu tun. Gott weiß, dass der Mensch im Sex mehr sucht als körperliche Befriedigung. Der erste Sex der Bibel wird übrigens so beschrieben: „Adam erkannte Eva und sie wurde schwanger" (1. Mose 4,1). Das Wort „erkennen" kann auch „verstehen", „Respekt haben", „sicher sein" bedeuten. Es geht Gott beim Sex um eine tiefe Beziehung. Ich erkenne meinen Partner an. Ich lerne ihn kennen. Ich bin sicher und geborgen bei ihm. In den übrigen Teilen der Bibel wird Sexualität außerhalb einer festen Beziehung fast immer als nicht im Sinne Gottes beschrieben. Auch Jesus bekräftigt sein „Ja" zu einer festen, auf ein Leben lang angelegten Partnerschaft (Matthäus 19). Sex ohne „eins sein" und „tiefes Erkennen" ist nicht Gottes Idee. Nicht, weil er uns quälen will, sondern weil er sich um unsere Seele und unseren Respekt sorgt.

2. Weil Pornografie meist im Geheimen passiert und Jesus das Licht ist

Wieso findet man auf vielen Bildern von Gott oder Jesus einen Heiligenschein oder ein helles Licht, das von ihnen ausgeht? Wir bringen Gott ziemlich schnell mit einem hellen Licht in Verbindung. Licht hat mehrere Vorteile: Es kann uns wärmen, es kann uns die Angst nehmen, wenn es dunkel ist und es kann versteckte Sachen „ans Licht bringen". Als ich Pornos geschaut habe, habe ich Rollläden zugemacht, Türen verschlossen und darauf geachtet, dass niemand etwas mitbekommt.

Die Bibel ist da mit unseren Heimlichkeiten knallhart: „So wird alles, was noch verborgen ist, ans Licht kommen" (Lukas 8,17). Das heißt, irgendwann kommt eh alles raus. Das ist für dich vielleicht eine furchtbare Vorstellung, aber wenn ich daran denke, dass alle Heimlichkeiten ans Licht kommen werden und keine einzige vergessen wird, dann finde ich das gerecht.

„Jeder, der Böses tut, hasst das Licht und bleibt im Dunkeln, damit seine schlechten Taten nicht sichtbar werden. Aber wer der Wahrheit gehorcht, kommt zum Licht ..." (Johannes 3,20-21). Das Gegenteil von Wahrheit ist die Lüge. Viele Pornokonsumenten verstricken sich in einem Netz aus Lügen und Ausreden. Die Wahrheit und das Licht können wehtun, aber es lohnt sich, ehrlich zu leben. Wer immer schauspielern muss, der wird irgendwann müde.

Jesus sagt: „Ich bin das Licht der Welt; wer mir nachfolgt, der wird nicht wandeln in der Finsternis, sondern wird das Licht des Lebens haben" (Johannes 8,12).

Darum geht es, um das Leben! Wäre es nicht schön, in einer Welt ohne Heimlichkeiten zu leben? In der ich dem anderen vertrauen kann, dass er mich nicht anlügt!?

Fazit: Heimlichtuerei und Lügen sind nicht Gottes Ideen von einem gelungenen Leben, denn Gott ist ein Gott der Wahrheit.

3. Weil Pornografie viele Menschen bindet und Gott uns frei machen will

Erinnerst du dich an die Aussage eines Pornokonsumenten in Kapitel 5, der berichtet, dass er sich fühlte, wie wenn er auf einen Wasserfall zufuhr und sein Paddel abgebrochen war. Gott hat sich für den Menschen eine tolle Funktion ausgedacht: Wir haben die Freiheit bekommen, Entscheidungen zu treffen. Die Bibel beschreibt das so: „Wo der Geist Gottes ist, da ist Freiheit" (2. Korinther 3,17).

Gott hat uns so frei geschaffen, dass wir uns sogar gegen den Glauben an Gott entscheiden können. Wir sind keine Marionetten in der Hand eines übermächtigen Puppenspielers. Wir können frei entscheiden, was wir tun. Das ist krass, oder!?

Aber wer in suchtartigen Abhängigkeiten drinsteckt, der kann nicht mehr frei entscheiden. Menschen bezeichnen sich in ihrer Sucht oder in der Reflexion ihrer Sucht oft selbst als „eingesperrt" oder als „gebunden". Gottes Idee war aber nicht, dass wir Sklaven sind, sondern „Jesus hat uns befreit, damit wir als Befreite leben" (Galater 5,1). Freiheit ist so ein wichtiges Gut und Gottes Idee für unser Leben.

4. Weil wir einen heiligen Körper haben

„Wisst ihr denn nicht, dass euer Körper ein Tempel des heiligen Geistes ist. Gott hat euch seinen Geist gegeben, der jetzt in euch wohnt. Macht ihm also Ehre, durch die Art, wie ihr mit eurem Körper umgeht" (1. Korinther 6,19-20).

Du hast einen heiligen Körper, in dem Gott wohnt! Für mich ist das ein eher ungewohnter Gedanke. Denn ich finde meinen Körper nicht gerade göttlich, sondern eher ein paar Kilo zu dick. Und dass bei all meinen unreinen Gedanken Gott in mir drin sein soll, das fällt mir schwer anzunehmen. Aber Gott hat deinen Körper geschaffen: Dein Körper ist heilig. Deswegen stellt sich die Frage, wie gehe ich mit mir um? Fressen, Saufen, keinen Sport machen, andauernd zu Pornos masturbieren, zu wenig schlafen, nie Zähne putzen: das ist Sünde, weil es deinem Körper schadet. (Bedenke, dass ich unter Sünde „Zielverfehlung" verstehe). Noch einmal: Gott will, dass unser Leben gelingt, und dabei helfen all die Dinge aus meiner Aufzählung nicht.

5. Weil Gott uns einen Willen gegeben hat, der „Unzucht" zu widerstehen

Für das Wort „Unzucht" steht im Griechischen meist das Wort „porneia". Das klingt ja schon fast nach Pornos. Aber wer sich noch dunkel an Kapitel 1 erinnern kann, weiß, dass „Porné" Hure bedeutet. Porneia wird mit Unzucht oder Ehebruch übersetzt. Beides hasst Gott und er macht klar, dass Menschen, die so leben – und wissen, dass es falsch ist – zur Rechenschaft gezogen werden. Aber Gott hat uns auch die Möglichkeit gegeben zu widerstehen: „Meidet die Unzucht" (1. Thess 4,3) oder „Wie glücklich ist der, der die Erprobung standhaft erträgt." (Jakobus 1,21) oder „Fliehet vor der Unzucht" (1. Kor 6,18). Wir können uns – mit Gottes Hilfe – entscheiden, wie wir unsere Sexualität leben. Wir sind keine Marionetten unserer Lust.

6. Weil Jesus und die Bibel die Frau ehren und respektieren
Das habe ich schon in Kapitel 3 (Seite 33ff.) beschrieben: Jesus respektiert Frauen und hält die Würde von Menschen hoch. Erniedrigende Pornos sind in seinem Plan für unser Leben nicht vorgesehen.

DER SUCHENDE GOTT

„Blacky, wo bist du?"
„Blaaaaacky?"
„Seid mal ruhig. Hört ihr was?"
„Wo ist der liebe Blacky?"
Ich muss ungefähr 11 Jahre alt gewesen sein und schon hatte ich so schlimmes Leid erfahren. Mein Hase Blacky war – aus bis heute ungeklärter Ursache – nicht mehr in seinem Laufgitter. Sofort starteten wir eine groß angelegte Suchaktion. Mein geliebter Blacky war verschwunden. Nach intensiver Suche mit der Hilfe meiner Eltern mussten wir bei Einbruch der Dunkelheit die Suche ergebnislos abbrechen. Über das Drama des nächsten Tages kann ich erst schreiben, wenn ich das Ganze weiter aufgearbeitet habe. ☺ So viel sei gesagt: Der Hase war tot.
Aber diese Suche bleibt mir in Erinnerung. Ich suchte mit Tränen in den Augen meinen geliebten

Hasen. Ängste stiegen auf: Hat ihn ein Raubvogel geschnappt? Ist er einfach weggelaufen? Wird er auch ohne mich Futter finden? Und ich suchte und suchte und suchte.

Wenn ich meinen Schlüssel suche, dann habe ich, abgesehen vom Ärger über mich selbst, keine großen Emotionen. Aber wenn ich ein geliebtes Wesen suche, dann treibt mich die Liebe an. Gott ist auch so ein Suchender. Schon ganz am Anfang der Bibel – kurz nach der Schöpfung – fängt Gott mit der Suche an. Adam und Eva, die ersten Menschen, haben von der verbotenen Frucht gegessen und verstecken sich nun aus lauter Angst vor Gott. Daraufhin lesen wir in 1. Mose 3,9 Gottes Ausruf: „Mensch, wo bist du?" Gott sucht den Menschen. Und das tut er nicht mit dem erhobenen Zeigefinger oder um Adam und Eva zu töten. Gott sucht Menschen. Dieses Bild zieht sich meiner Meinung nach durch die gesamte Bibel. Immer wieder in der Geschichte Israels geht es darum, dass Gott das oft widerspenstige Volk sucht. Er will ihr Gott sein, er will ihnen Gutes tun, doch die Israeliten murren und sind untreu. Dann schickt Gott Propheten[85] zu ihnen, auch sie verkünden, dass Gott zu seinem Wort steht und den Menschen helfen wird. Und schließlich schickt Gott seinen besten Mann, um uns zu suchen und die Beziehung wiederherzustellen: Seinen eigenen Sohn. Er soll der Menschheit klarmachen: „Gott liebt euch immer noch, trotz all dem, was ihr gemacht habt. Schaut her: aus Liebe zu euch bin ich sogar bereit, zu sterben und all eure Fehler auf mich zu nehmen."

---

[85] Menschen, die von Gott Visionen und Ankündigungen für das Volk bekommen haben. z.B: Jesaja

Gott sucht heute immer noch, weil ihn etwas antreibt. Etwas, das nicht rational erklärbar oder logisch ist. Es ist seine Liebe zu den Menschen, die sich selbst durch Leid, Schuld und Egoismus ihren Weg bahnt. Das Bild des suchenden Gottes hat mein Gottesbild sehr stark geprägt.

ICH, MEINE PORNOS UND MEIN GOTT

Den christlichen Glauben habe ich von klein auf von meinen Eltern in einer guten Weise vorgelebt bekommen. Ich betete regelmäßig, las in der Bibel, besuchte christliche Freizeiten und Jugendgruppen. Dann entdeckte ich als Jugendlicher meine Sexualität und fand das sehr aufregend (wer findet das nicht?). Gleichzeitig war ich mir unsicher, wie Gott das mit der Sexualität so findet. Ich hörte verschiedene Aussagen zu Selbstbefriedigung: „Das macht man als Christ nicht" oder „Das ist okay, als Junge muss man das machen." Anders als viele andere Christen hatte ich grundsätzlich eine positive Einstellung zu meiner Sexualität. Trotzdem schämte ich mich für Masturbation und später erst recht für meinen Pornokonsum. Ich empfand Scham und Schuld, spürte, dass mich das nicht satt machen konnte, und schloss daraus: Das kann nicht das Leben in Fülle sein, das Gott sich für mich wünscht und das ich haben will. Als ich Verantwortung in der Jugendarbeit übernahm, wurde die „Last" noch schlimmer. Wie konnte ich als Freizeitmitarbeiter oder sogar Freizeitleiter so etwas tun? War ich überhaupt ein richtiger Christ? Ich hatte den Eindruck, in diesen Phasen und danach weit weg von Gott zu sein. Hatte Gott sich angewidert von mir abgewandt? Ich hätte es ihm nicht verübeln können. Erst später und mit meinem Seelsorger (einem geistlichen Berater) zusammen begriff ich, dass die Botschaft der Bibel etwas anderes sagt. Die Bibel beschreibt einen Jesus, der sich gerade und besonders den Sündern, denen, die sich Gott fern fühlen, zuwendet. Einmal saß ich nach einem nächtlichen Ausflug am nächsten Morgen in einer Sitzung. Ich hatte natürlich die Maske des engagierten Jugendreferenten auf. Zum Beginn der Besprechung gab es eine Andacht über das Gleichnis „Der verlorene Sohn", eine Bibelgeschichte aus Lukas 15. Ich hatte diese Geschichte bestimmt schon hundert Mal gelesen, gehört oder selbst erzählt. Aber an diesem Morgen machte es „Klick". Der Sohn ist ein rebellischer Kerl. Er geht zu seinem Vater, verlangt seinen Teil des Erbes und zieht damit hinaus in die weite Welt. Er verprasst das Geld, säuft und hat vermutlich auch einige sexuelle Kontakte (auch wenn das die Bibel so nicht berichtet, sondern der ältere Bruder das lediglich vermutet). Als vom Geld nichts mehr übrig ist und er als Schweinehirt arbeiten muss, kommt er zur Besinnung. Der Sohn beschließt, zurück zum Vater zu gehen und wenigstens bei ihm als Hirte zu arbeiten. Er macht sich stinkend und voller Scham auf den Weg nach Hause. Aber anstatt einem kühlen oder cholerischen Vater erwartet den Sohn ein Vater, der auf ihn zurennt, der ihn in seine liebenden Arme schließt und ein Fest für ihn und mit ihm feiert. Diese Szene hat bereits Millionen von Menschen angerührt. Mich berührte sie an diesem Morgen nach der Nacht im „Schweinenetz". Da gibt es einen Gott, der sich nicht mit dem drohenden Zeigefinger abwendet, sondern der sich sogar freut, wenn ich zu ihm komme, egal was ich getan habe. Vielleicht fragst du dich: „Egal was ich getan habe? Wirklich? Auch bei Pornos oder nur beim Playboy? Auch wenn es schlimme Pornos waren? Auch wenn es abscheuliche Kinderpornos waren? Auch wenn ich selbst Pornodarsteller bin?" Ja, solch einen Gott der Vergebung beschreibt das Neue Testament. Ein Gott, der uns annimmt und Schuld und Scham wegnimmt. Unser Verlauf, in dem alle unsere schlechten Taten gelistet sind, ist gelöscht. Für immer! Wenn wir zu Gott kommen und sagen: „Gott vergib, wasch mich rein, lösche meinen Verlauf und die Bilder in mir." Dann wird Gott sagen: „Deine Schuld ist dir vergeben. Geh und tue es nicht mehr" (nach Johannes 8,11). Und er fängt an, die Bilder, die ich nicht mehr haben will, zu löschen, auch wenn das sehr lange dauern kann und nicht immer leicht ist.

An diesem Morgen in der Sitzung habe ich das gefunden, wonach viele Männer, die im Pornosumpf hängen, suchen: Vergebung. Und ich habe neu die Kraft gespürt, die uns Hilfe anbietet. Eine Kraft, die nicht von dieser Welt ist.

So geht Gott mit Pornosündern um. Dieser Gott ist nur ein Gebet entfernt!

8. Porno Storno: Acht Schritte auf dem Weg raus aus der Pornofalle

Ich liebe Backrezepte. Okay – besser gesagt – gut geschriebene Backrezepte. Ich mag es, wenn sie gut erklärt sind, so dass es mir als Nichtbäcker beinahe unmöglich ist, etwas falsch zu machen. „Nehmen Sie ein Ei und 100 Gramm Zucker und mischen Sie dies mit einer Rührmaschine. Dann fügen Sie die Milch hinzu." Das sind klare Anweisungen und wenn ich diese Schritt für Schritt umsetze, erhalte ich leckere Kekse.

Leider ist das mit dem Rezept für die innere Balance des Menschen nicht ganz so einfach. Menschen sind unglaublich verschieden. Auch wenn es vielleicht ein amerikanisches Buch mit dem Titel „Acht todsichere Schritte zur 100-prozentigen Pornoheilung" gibt, kann ich das dir leider nicht bieten. Deswegen lautet der Titel dieses Kapitels ganz bewusst: „Acht Schritte **auf dem Weg** raus aus der Pornofalle." Unser Leben lässt sich mit einem **Weg** vergleichen, bei dem es nicht darum geht, einen Sprint zu gewinnen. Es ähnelt vielmehr einem langen Pfad mit vielen Hochs und so manchen Tiefs. Damit ein Marathonläufer das Ziel erreicht, muss er viele, viele Schritte gehen. Und wenn er nie damit anfängt, wird er auch nie ans Ziel kommen. Anfangs mag der Weg unendlich weit erscheinen und es kann mitunter Überwindung kosten, die ersten Schritte zu gehen, gerade weil der Weg weit ist und das Laufen zeitweise mühsam sein kann. Da wirkt es oft ermutigend, einen Schritt nach dem anderen zu gehen und das Ziel – zumindest in Gedanken – im Blick zu haben.

Die folgenden acht Gedankenanstöße können erste Schritte auf dem Weg zur Freiheit und zur erfüllten Sexualität sein.

1. ANS LICHT DAMIT

Mit das Peinlichste, was einem Jungen passieren kann, ist, beim Pornoschauen und Masturbieren von seiner Mutter erwischt zu werden. Eigentlich wünsche ich niemandem, so eine Situation zu erleben. Was die Mutter wohl sagen würde? „Klaus, du böser, böser Junge!" „Von dir hätte ich das nicht erwartet!" „Du bist ja wie Papa!" „Einen Monat Internetverbot!" Und am schlimmsten wäre wohl: „So, mach mal deine Hose zu, und dann reden wir darüber!"

Furchtbar peinlich! Und doch weiß ich von vielen Männern, für die das „Erwischtwerden" einen Wendepunkt in ihrem Umgang mit Pornografie herbeigeführt hat. Einige berichten von Erleichterung: „Endlich kann ich darüber reden" oder „Endlich ist es raus". Die meisten Pornoseiten werden nachts angeschaut. Rollos werden heruntergelassen, Türen abgeschlossen, Betten heimlich verlassen. Man(n) ist anonym im Netz unterwegs oder geht mit der Baseballmütze im Gesicht in den Sex-Shop. Es scheint so, als ob der Konsum von Pornografie strafbar wäre. Das ist er aber in den meisten Fällen nicht. Und doch bleibt der Bereich Sexualität oft im Dunkeln. Scham macht sich breit.

Forschungen, die sich mit Psychologie und den Abläufen in unserem Gehirn beschäftigen, bestätigen: Veränderung ist dann möglich, wenn Themen angegangen werden. Solange der Patient gegenüber dem Therapeuten nur schweigt, wird sich nichts verändern. Auch die Gehirnforschung bestätigt, dass Veränderung erst dann eintreten kann, wenn man Emotionen zulässt und bespricht. Am effektivsten verändert sich unsere Gehirnstruktur, wenn Menschen uns ehrlich den Spiegel vorhalten und wir von Menschen, die wir mögen, hinterfragt werden. Dies hat schon die Geschichte von David und Natan gezeigt. Solange wir aber mit unseren Schwächen und Sehnsüchten im Dunkeln bleiben, verändert sich nichts.

Deswegen wünsche ich es eigentlich doch jedem Mann, dass er mal „erwischt" wird oder vielleicht besser vorher mit einem Freund, seiner Partnerin, vielleicht auch den Eltern oder einem Seelsorger darüber spricht.

„Ans Licht damit", das bedeutet auch, sich selbst einzugestehen: „Mein Pornokonsum ist nicht gut." „Mein Pornokonsum tut mir und anderen nicht gut." „Ich habe ein Problem."

Andere Schuldige außer mir sind schnell gefunden: „Die Medien und die Gesellschaft verführen mich." Sehr beliebt sind auch die Ausreden „Das machen doch fast alle Männer" oder „So schlimm bin ich doch gar nicht, andere sehen härtere Filme." Man kann sich leicht hinter diesen vielleicht sogar wahren Aussagen verstecken; wer aber zu einem verantwortungsvollen und heilen Menschen werden will, der wird so nicht weiterkommen. Ich wünsche mir, dass du jemand findest, vor dem du offen über deinen Pornokonsum und die Folgen sprechen kannst.

2. „WER ALLEINE LÄUFT, IST DOOF"

Ernie und Bert. Harry Potter und Ron. Sherlock Holmes und Dr. Watson. Poldi und Schweini. Elton und Simon. Hänsel und Gretel. Hanni und Nanni.

Die Welt ist voll von Teams und Paaren. Auch in der Geschichte hatten selbst die größten Helden ihre Assistenten und Helfer. „Der Mensch ist auf Beziehung angelegt", sagt der Philosoph Martin Buber. Und bereits bei der Schöpfung, lange Zeit vor Buber, wusste Gott, „es ist nicht gut, dass der Mensch allein sei" (1. Mose 2,18). Ein Mensch allein geht ein! Immer mehr Menschen geben an, dass sie sich regelmäßig einsam fühlen. Oft leben Menschen und besonders Männer nicht mehr in tiefen Freundschaften. Die Wenigsten haben einen besten Freund.

Wissenschaftler haben herausgefunden: „Ein enges Netzwerk guter Freunde kann unsere Lebenserwartung um bis zu 22 Prozent steigern."[86] Gerade wir Männer brauchen sie, die Menschen, bei denen wir ehrlich werden können. Bei denen wir Schwächen zugeben können, weinen dürfen. Menschen, mit denen wir reden können, ohne dass wir niedergemacht werden, die aber trotzdem ehrlich mit uns sind. Einsamkeit und Beziehungslosigkeit bilden einen idealen Nährboden für den Einstieg in die Pornografie. Diesen beiden Situationen bzw. Zuständen gilt es vorzubeugen.

Ich habe gemerkt, dass ich für mich zwei Gruppen von Personen brauche: Zum einen gute Freunde und Kumpels und zum anderen einen Seelsorger oder einen sogenannten „Rechenschaftspartner".

---

[86] Hecht: Wahre Freunde. Von der hohen Kunst der Freundschaft.

Die erste Gruppe brauchen wir für das soziale Gefüge, in dem wir leben. Freunde – besonders auch gleichgeschlechtliche – sind wichtig für unsere Sehnsucht nach Gemeinschaft. Dort können wir uns beweisen, fühlen uns sicher, können Witze reißen, Gemeinsamkeiten suchen, voneinander lernen, vielleicht auch mal über Probleme reden, uns auf die Schulter hauen oder in den Arm nehmen, über Frauen philosophieren und einfach Spaß haben. Sportvereine, Cliquen, christliche Gruppen und Gemeinden, Stammtische eignen sich hierfür. Hast du solch eine Gruppe? Wenn nein, wo könntest du Leute finden? Du hast dazu keine Lust? Verstehe ich gut. Aber wusstest du, dass viele alte Menschen auf dem Sofa oder im Sessel einsam sterben? Also los!

So wichtig gute Kumpel auch sind, oft spielen wir mit ihnen Fasching. Der eine ist der harte Cowboy, der andere der coole Business-Mann, ein anderer macht auf sorgende Krankenschwester. Alle bleiben hinter ihren Masken und versuchen, für ihre Rolle Applaus oder zumindest Aufmerksamkeit zu bekommen. Ich behaupte, fast alle Menschen haben ihre dunklen, traurigen und depressiven Seiten. Dass man die nicht jedem auf die Nase bindet, finde ich auch sehr angenehm. Ich möchte von meinem Joggingpartner nicht begrüßt werden mit: „Ich fühle mich schlecht, weil ich gestern zwei Stunden Pornobilder aus dem Netz gezogen habe und wie geht's dir so?" Und von meiner Bäckerin will ich morgens nicht den Satz hören: „Wissen Sie, Herr Pahl, wie gerne ich meine Chefin mal so richtig verprügeln würde?"

Es ist normal, dass wir in unserem Leben verschiedenen Menschen gegenüber verschieden offen sind.

Das Problem ist, viele Männer haben niemanden, der mit ihnen hinter ihre Maske schaut. Wo sollen wir hin mit unseren Zweifeln: „Schaffe ich die Aufgabe?", unseren geheimen Gedanken: „Ich will mit der Freundin meines Kumpels schlafen", mit unseren Geheimnissen: „Ich kann ohne Pornos kaum einschlafen", oder mit unseren Fragen: „Bin ich so in Ordnung, wie ich bin?" Wen können wir damit belästigen, wen können wir fragen?

Oder lautet die Frage nicht eher, wieso trauen wir uns nicht, uns zu öffnen? Es ist vollkommen verständlich, dass wir auf wirkliche Offenheit keine Lust haben, dass wir uns fragen: „Was wird der andere von uns denken?" Mir hilft es zu wissen, dass jeder seine schwarzen Seiten hat. Ich habe schon mit einigen Männern über meine persönlichen Abgründe (Pornografie ist da nur ein Punkt) geredet. Keiner von ihnen hat sich erschrocken abgewandt. Ich war eher überrascht, wie verständnisvoll sie waren oder dass sie mir von ähnlichen Problemen berichtet haben.

Doch wo findet man solche Menschen, denen man vertrauen kann? Ich habe sie meistens in christlichen Gruppen gefunden. Man kann sie Pastor, Seelsorger oder Mentor nennen. Meistens waren sie etwas älter und erfahrener als ich. Es kostet mich bis heute noch Überwindung, sie anzurufen und einen Gesprächstermin auszumachen. Es kostet mich meistens auch Überwindung, hinzugehen und meine Maske abzulegen. Aber es hat mir fast immer gutgetan. Es hat gutgetan, offen zu werden. Es hat gutgetan, dass mir jemand zugehört hat. Es hat gutgetan, dass ich bei meinen christlichen Ansprechpartnern auch beichten konnte und gesegnet[87] wurde. Oft war ich danach fröhlicher und für lange Zeit vor neuen Dummheiten geschützt. Links zu Beratungsstellen und Kontakten zu christlichen Gruppen findest du übrigens hinten im Buch.

Eine weitere Hilfe können „Rechenschaftspartner" sein. Klingt komisch, hilft aber trotzdem. Rechenschaftspartner können gute Freunde, Familienangehörige, Seelsorger oder Ehepartner sein. Sie haben die Erlaubnis nachzufragen, wie es bei dir in einem schwierigen Lebensbereich so läuft. Man kann sich auch alle paar Wochen mit jemandem treffen, um dann „Rechenschaft" abzulegen. Toll ist es, wenn man jemanden findet, den man, wenn die „Lust" kommt, einfach anrufen kann. Klingt auch komisch, funktioniert aber gut.

Ich weiß, dass dieser Punkt kein bequemer ist, aber ich halte ihn von den acht Schritten für den wichtigsten. Ich kenne keinen, der alleine von den Pornos losgekommen ist. Keinen!

3. „KALTER ENTZUG"

Tipp Nummer drei ist der Hammer. Ich habe ihn mir ganz alleine ausgedacht. Und ich denke, er wird dir sicher am meisten helfen. Tipp Nummer drei lautet: „Hör sofort damit auf, Pornos zu konsumieren."

Ich merke schon, du scheinst nicht so ganz begeistert von diesem Tipp zu sein. Aber so simpel er auch klingt, oft habe ich den Eindruck, dass viele

---

[87] Gesegnet werden bedeutet, dass mir ein Mensch eine Aussage Gottes zuspricht. Zum Beispiel: „Gott ist bei dir" oder „Gott sieht deinen Schmerz".

Männer dazu nicht bereit sind. Man sieht zwar ein, dass Pornos nicht das Beste für einen sind, aber es sein zu lassen oder zu reduzieren, das klappt bestimmt nicht.

Frag dich mal ehrlich: Hast du wirklich die Bereitschaft, davon frei zu werden? Willst du das große STOPP-Schild auspacken? Es ist nicht die Frage, ob du es schaffst. Die Frage lautet: Willst du es?

Oder ist Pornografie „dein Schaaaatz", wie das Gollum aus dem Film „Herr der Ringe" sagen würde. Ein Schatz, den du loswerden und doch nicht loslassen willst!?

Es kommt auf unseren Willen an. Und ob wir wirklich bereit sind, das merken wir dann, wenn es konkret wird:

⇨ Bist du bereit, alle deine Pornobilder und Links zu löschen?
⇨ Bist du bereit, dir Hilfe zu holen?
⇨ Bist du bereit, den PC ins Wohnzimmer zu stellen?
⇨ Bist du bereit, alle erotischen Bilder und Zeitschriften zu verbrennen?
⇨ Bist du bereit, einen Filter auf deinem PC zu installieren?
⇨ Bist du bereit, an dir zu arbeiten?
⇨ Bist du bereit, mal einen Monat lang „Internetfasten" durchzuziehen?

Sicherlich sind nicht alle Schritte von heute auf morgen umsetzbar; das Entscheidende ist, einen Anfang zu machen, sich auf den Weg raus aus der Pornofalle zu begeben. Und noch einmal: Es geht nicht darum, ob du das schaffst. Es geht darum, ob du es schaffen willst.

Dabei dürfen wir nicht aus den Augen verlieren, warum wir STOPP sagen wollen. Es geht um unsere heile Sexualität, es geht um echte Freiheit und eine gesunde Beziehung zu Frauen.

Bist du bereit für den Entzug?

4. „WANN HABE ICH PORNOLUST?"

„Ich hab schon fünfmal onaniert, weil hier einfach nichts passiert", so sangen es die Ärzte in den 90er Jahren. Und so ganz unrecht haben sie nicht. Wenn mich jemand fragen sollte, wie er bestimmt Lust auf Pornos bekommt (was mich noch nie jemand gefragt hat), dann würde ich so antworten: „Sei auf jeden Fall allein zu Hause und sicher, dass dich in den nächsten Stunden keiner stören wird. Gut ist, wenn du genervt und gestresst von dem Tag bist und am besten auch von deiner Partnerin. Dann langweile dich ein bisschen. Lass den Fernseher laufen und schau dir Musikclips mit halbnackten Tänzerinnen an. Dann geh ohne einen richtigen Grund ins Internet. Mach auf keinen Fall Sport, bete nicht und ruf auf keinen Fall deine Freunde an. Schließe am besten deine Tür ab. Denk an dein frustiges Leben als Single und dass du dir ja wirklich nie etwas gönnst."

Ich befürchte, dass das wirklich ein gutes Rezept ist. Bitte nicht nachmachen!

Die Frage an dich ist: Wann hast du Pornolust? Und wann ist deine Pornolust am geringsten?

Aus den Gesprächen, die ich geführt habe, würde

ich sagen, dass Langeweile, Stress und Einsamkeit drei Hauptfaktoren sind.

Stress

Treffen sich abends drei Manager, sagt der eine: „Ich habe heute 14 Stunden gearbeitet. Um 7 Uhr schon das erste Meeting, dann nach München und wieder zurück. Zum Mittag gab es nur einen Müsliriegel." Alle nicken zustimmend. Sagt der Nächste: „So ist es bei mir fast immer. Vor 22 Uhr bin ich selten zu Hause. Heute hatte ich fünf Meetings. An Mittagessen war gar nicht zu denken." Alle nicken zustimmend. „Und du?", fragen die beiden den Dritten unter ihnen. „Ich habe heute Morgen mein Kind zur Schule gebracht und dann acht Stunden gearbeitet, plus eine halbe Stunde Mittagspause. Dann war ich mit meinem Jungen im Schwimmbad." Entsetzte Stille. Sagt der Dritte: „Na ja, ich hatte ja heute auch Urlaub."

Stress zu haben scheint in zu sein, und ich schwimme dabei voll mit dem Trend. Meine Freunde glauben mir oft nicht mehr, wenn ich sage: „Nächste Woche/nächsten Monat wird es ruhiger." Es ist gut, viel zu tun zu haben und phasenweise unter Anspannung zu stehen. Das schüttet Adrenalin aus und hält uns fit. Problematisch ist, dass viele Menschen diese Phase auf ihr ganzes Leben ausgeweitet haben. Stress ist zum Lebensstil geworden. Und wenn es dann am Abend, am Wochenende oder im Urlaub ruhiger wird, dann merken wir, wie müde wir sind und dass sich unsere Sehnsüchte (siehe Schritt 5) melden. Dann will ich mir etwas gönnen, ausbrechen aus dem Stress. Dass der Porno, den man sich gönnt, das Loch in uns nicht füllt, merken wir oft erst danach. Hier können wir von den alten Traditionen lernen. Die Juden halten bis heute den Sabbat ein. 24 Stunden, an denen das Leben zur Ruhe kommt. An denen man nicht arbeitet und auch keinen anstrengenden Hobbys nachgeht (wie wir an unseren Sonntagen). Zeit für Familie, Freunde, Spiel und Tanz. Der Sabbat oder der Sonntag ist für mich zu Gottes guter Idee für ein ausgeglichenes Leben geworden. Wann nehmen wir uns die Zeit, ruhig zu werden? Zeit zum Nachdenken? Zeit zum Meditieren? Ich muss lernen, mein Leben zu entschleunigen, ohne mich zu langweilen. Achtung Modell Sklave: Stress ist oft dein Problem!

Langeweile

Langeweile ist super, wenn sie geplant ist. Wer sich langweilt, wird oft kreativ oder fleißig. Man räumt dann doch mal die alte Kiste aus oder näht endlich mal die Hose um.

Eine Frage: Warum streiten sich so viele Familien an Weihnachten oder in den Ferien? Ein Grund ist die Zeit, die man hat. Man denkt über sich nach, und auch die unerfüllten Sehnsüchte kommen ans Licht. So ähnlich ist das auch bei der Langeweile. Unsere Sehnsüchte, unsere Leere werden nicht größer, sie werden einfach nur sichtbarer. Dann fangen wir an, uns auf die Suche zu machen, wie wir wohl befriedigt werden können. Schwups, da sind wir wieder bei der Versuchung, unsere Leere mit den falschen Bildern zu füllen. Achtung Modell Couch: Langeweile ist oft dein Problem!

Einsamkeit

Dazu habe ich in Schritt zwei ja schon einiges geschrieben.

Hier noch mal zur Erinnerung: Pornos und Sexchats schaffen keine Gemeinschaft, sie zerstören sie.

Alle drei Hauptfaktoren kommen auch in meinem Leben vor. Sie sind normale Phasen oder Gefühle. Dazu kann man stehen. Aber keine der Phasen sollte zu einem regelmäßigen Dauerzustand werden. Und ich behaupte, wenn wir Schritt Nummer fünf angehen, dann werden die Phasen des Gestresstseins, der Langeweile und der Einsamkeit auch seltener oder zumindest kürzer werden.

5. „SEHNSÜCHTE BEFRIEDIGEN"

In Kapitel 6 habe ich bereits über unsere Sehnsüchte geschrieben. Vielleicht hast du dich in der Aufzählung der Bedürfnisse auf Seite 73 wiedergefunden?

Jeder muss für sich selbst herausfinden, welche Sehnsüchte er in sich findet. Mir haben Gespräche mit anderen Männern und mit meinem Seelsorger weitergeholfen. Einige Fragen können dir vielleicht helfen, deinen Sehnsüchten auf die Spur zu kommen:

⇨ Versuch dich an die Momente zu erinnern, in denen du Pornolust hattest. Wie hast du dich gefühlt? Was hätte dir in dem Moment ein positives Gefühl geben können?

⇨ Wovon träumst du heimlich (nicht die sexuellen Träume)? Was willst du mal erreichen?

⇨ Wie wärst du gerne? Was würdest du gerne an dir verändern?

⇨ Wer sind deine Vorbilder? Was fasziniert dich an ihnen?

⇨ Welche Szenen berühren dich besonders, wenn du sie siehst? (Z.B. wenn ein Vater sein Kind umarmt oder wenn sich Männer freundschaftlich umarmen?)

⇨ Wenn du an deine Kindheit denkst, was hat dir da gefehlt? Wie hätten deine Eltern sein sollen? Was hast du vermisst?

Es scheint mir unmöglich, dieses Thema mal schnell allgemein mit ein paar Fragen oder Sätzen abzuhandeln. Jeder muss für sich selbst herausfinden, wonach er sich sehnt und wie er anfangen kann, „Zufriedenheit" zu finden.

„Anfangen" ist überhaupt das richtige Stichwort! Meine steile These ist: Der dicke Benz, tausend Freunde, das Haus mit Pool, täglicher Sex, ein guter Seelsorger, ein tolles Hobby, eine Traumpartnerin, ein super Hauskreis, das MacBook und selbst der Glaube an Gott ... das alles wird nie alle deine Sehnsüchte befriedigen können. Achtung, ich sage nicht, dass wir nicht glücklich leben können oder dass diese Dinge unser Leben nicht schöner machen. Aber ich behaupte, dass ein Stück unseres schwarzen Lochs in uns bleiben wird. Es ist die Sehnsucht nach dem, was es hier auf der Welt nicht gibt. Die Suche nach dem Transzendenten, dem Spirituellen. Für mich als Christ hat das etwas mit dem Himmel zu tun. Die Bibel spricht von einer Welt des Friedens und der tiefen Liebe: „Jede Träne wird er [Gott] ihnen abwischen. Es wird keinen Tod mehr geben und auch keine Traurigkeit, keine Klage, keinen Schmerz" (Offb 21,4).

Das klingt gut. So beschreibt die Bibel den Himmel. Wir können hier auf der Erde einen Vorgeschmack darauf finden, doch tiefen Frieden werden wir vermutlich erst in Gottes Welt spüren. Darauf freue ich mich schon, aber bis dahin will ich das Beste aus meinem Leben machen (siehe Kapitel 9).

Auf dem Weg, meine Sehnsüchte zu befriedigen, bin ich noch ganz am Anfang. Ich habe noch nicht alle Freunde gefunden, die ich für ein richtig gutes Beziehungsnetz brauche. Auch fühle ich mich in meinem Körper noch nicht so ganz wohl. Immer noch versuche ich, meinen Wert weniger aus meinem Beruf und mehr aus dem, wie ich bin, und aus Gott zu holen. Aber ich bin auf dem Weg. Willkommen im Club derer, die ihre Sehnsüchte ernst nehmen und **versuchen**, „zufriedener" zu werden.

6. „VON FILTERN UND PROGRAMMEN"

Zu diesem Thema höre ich immer wieder zwei verschiedene Meinungen.

Die einen sagen: „Ich hole mir einen Filter und dann bekomme ich das schon in den Griff." Die anderen sind da eher skeptisch und sagen: „Ich hole mir keinen Filter, weil der mich eh nicht hundertprozentig schützt, und gehe die Dinge lieber anders an."

Mir gefällt keiner der beiden Ansätze. Filter und Software sind niemals die Lösung des Problems. Einige Jungs berichten sogar, dass der Filter sie eher noch angeheizt hat, erst den Filter zu umgehen und dann Pornos zu konsumieren. Viele steigen auch einfach auf Hefte und DVDs um, was das Problem meist nur teurer macht. Dennoch können Filter eine große Hilfe sein. In diesem Abschnitt möchte ich dir ein paar Programme vorstellen. Auf der Suche nach Filtern findet man immer wieder das Programm „Safeeyes". Leider gibt es dieses bisher nur auf Englisch und man kann es nur online mit Kreditkarte erwerben. Doch es lohnt sich. Ich habe Safeeyes seit 2007 auf meinem Rechner und bin sehr zufrieden. Zwar sind seitdem youtube oder flickr für mich gesperrt, aber fast alle Seiten, die ich brauche, sind ganz normal nutzbar. Safeeyes kostet circa 35 Euro im Jahr, und man kann damit drei verschiedene Rechner sichern. Das Programm wird heruntergeladen und installiert. Dann braucht man jemanden, der das Programm mit einem Administrator-Passwort schützt. Das ist in meinem Fall meine Frau. Sie kann programmieren, welche Seiten und Programme gesperrt werden. Sollen nur Seiten mit Nacktfotos und Pornos gesperrt werden oder auch Seiten mit Bikinis oder Seiten mit dreckigen Witzen? Sie könnte mir auch ICQ oder Filesharing-Programme abschalten. Aber sie ist so nett und lässt mir mein ICQ.

Besonders gut finde ich, dass alle Internet-Aktivitäten nicht löschbar gespeichert werden. 30 Tage lang kann sich meine Frau so alle Seiten anschauen, auf die ich wollte und auf denen ich war. Du findest, das klingt wie eine Kindersicherung? Ja, stimmt, so ist es tatsächlich ein bisschen. Aber wenn es hilft!

Ein kostenloses Programm ist x3watch. Ich würde es allerdings nur eingeschränkt empfehlen. Das Programm speichert verdächtige Internetseiten und mailt sie einmal pro Woche an eine von dir zu bestimmende E-Mailadresse. Wenn man versucht, diese Mailadresse zu ändern, wird der vorher angegebene Empfänger darüber informiert. Das Beste an dem Programm ist, dass es kostenlos ist. Leider scheint der Filter aber nicht sehr genau zu sein; so werden einige erotische Seiten wohl nicht gelistet.

Die Webseite www.loveismore.de empfiehlt die Software „Kindersicherung 2009" für einmalige 30 Euro. Sie soll besser sein als Safeeyes, aber ich habe sie selbst noch nicht getestet. Die Kinderschutzfilter von Microsoft kann ich übrigens nicht empfehlen. Sie sperren je nach Einstellung entweder fast alle Seiten oder fast gar keine.

Sicherlich gibt es noch andere gute Programme. Ich freue mich über weitere Tipps. Programme sind nicht die Lösung, aber meiner Meinung nach unverzichtbar auf dem Weg zur Pornofreiheit. Es sei denn, man lässt die Finger ganz vom Internet, das ist natürlich noch besser, aber wohl kaum realistisch. ☺

7. „Gott löscht den Verlauf für immer"

Die meisten Pornokonsumenten wissen ganz genau, wie sie den Verlauf des Internet Browsers löschen können. Alle Spuren werden verwischt. Keiner soll etwas Verdächtiges finden. Was viele nicht wissen: Oft speichern sich doch Bilder, Mails oder Seiten irgendwo sonst auf dem PC. Und was wäre, wenn man das Löschen mal vergisst? Oder wenn man im Netz durch Mailadressen und IP-Nummer doch Spuren hinterlassen hat?

Die gute Nachricht ist: Gott löscht deinen Verlauf

für immer! (Aber nicht den vom PC, das bleibt dein Problem.)

Ich komme auch bei den praktischen Tipps an diesem Gott nicht vorbei. Das Interessante dabei ist, dass es Psychologen, die nicht an den christlichen Gott glauben, genauso geht. Dr. Kornelius Roth ist Psychotherapeut. Er hat ein spannendes Buch über Sexsucht geschrieben. Darin schreibt er aber auch Folgendes: „Die Spiritualität kann eine wichtige sinngebende Stütze werden."[88] Und weiter: „Dankbarkeit, Demut, Toleranz, Vergebung und Lebenssinn sind einige der Früchte, die sich im Laufe einer spirituellen Entwicklung einstellen. Diese haltgebenden Meta-Gefühle sind fließend und machen innerlich weit und gelassen. Sie scheinen auch einen hohen gesundheitlichen Wert zu haben, wie Experten in den letzten Jahren herausfanden." Auch wenn Roth nicht von Jesus, sondern von Spiritualität spricht, so war ich doch ganz überrascht, so etwas von einem Wissenschaftler zu lesen. Roth sieht hinter unserem Bedürfnis nach sexueller Vereinigung ein Bedürfnis nach dem Einswerden mit Gott. Auch für das konkrete Bewältigen der Sexsucht empfehlen Roth und andere das Hinzuziehen einer höheren Macht.

An dieser Stelle möchte ich fünf der zwölf Schritte aus dem Programm der Anonymen Alkoholiker gegen Suchtverhalten zitieren:

- „Wir fassten den Entschluss, unseren Willen und unser Leben der Sorge Gottes anzuvertrauen."
- „Wir gaben Gott ... gegenüber unverhüllt unsere Fehler zu."

---

[88] Roth, Sexsucht S. 142

- „Demütig bitten wir ihn, unsere Mängel von uns zu nehmen."
- „Wir wurden willig, den Schaden, den wir verursacht haben, wiedergutzumachen (wo immer es nötig war)."
- „Wir suchen durch Gebete und Besinnung, die bewusste Verbindung zu Gott zu vertiefen."

Diese Zeilen sind Grundsätze ganz normaler Psychologen und stammen nicht aus einem Buch des Papstes. Auch wenn der Begriff „Gott" in der Psychologie sehr weit gefasst ist, so frage ich mich, wieso man nicht gleich das Original des jüdischen-christlichen Gottes nehmen sollte? Am Ende von Kapitel 7 habe ich meine Erfahrungen mit Gott und Pornos aufgeschrieben. Was mir weitergeholfen hat, folgt jetzt.

Gestern Abend sah ich den Film „Nicht auflegen!" Die Geschichte ist einfach. Ein Mann telefoniert in einer Telefonzelle und wird von einem Psychopathen zu einer Lebensbeichte gezwungen. Das kleine Problem dabei ist, dass der Mann von dem Psychopathen mit einem Gewehr bedroht wird und dass am Tatort mehrere Kamerateams live berichten. Unter diesen etwas verschärften Bedingungen beichtet der Mann seine Lust, mit anderen Frauen zu schlafen.

Zwar möchte ich nicht in der Situation dieses Mannes stecken, aber ich halte den Akt des Beichtens trotzdem für eine hilfreiche Erfindung. Für mich ist beichten, so altmodisch es klingen mag, zu einer großen Hilfe geworden. Man kann bei einem Priester oder Pfarrer beichten. Meiner Meinung nach kann aber jeder Christ eine Beichte hören und dem anderen im Auftrag Gottes Vergebung zusagen. Beichte ist für mich ein lautes Gebet, in dem ich meine Schuld bekenne. Es fällt mir schwer, das, was ich getan habe, laut vor einem anderen Menschen zu sagen. Aber es tut gut, wenn es raus ist. Der, der die Beichte hört, kann mir dann im Auftrag Gottes Vergebung zusagen. Es ist nicht so, dass Vergebung nur in der Beichte geschieht. Aber in der Beichte wird mir meine Schuld noch bewusster. Ich spüre die Schwere der Schuld und die Erleichterung danach. Beichten ist eine alte Tradition, an die man immer wieder anknüpfen kann. Generell bietet uns Gott immer wieder Vergebung an. Ach ja und immer wieder. Und noch mal. Jetzt auch. Und auch später noch einmal. ☺

Ein kleiner Hinweis noch für alle, die schon länger an Gott glauben. Oft bringen unsere sexuellen Gedanken uns weg von Gott. David (17 Jahre) berichtet, dass er sich nach dem Pornokonsum oft tagelang von Gott getrennt fühlt. Das ist verständlich, denn unsere Beziehung zu Gott ist von uns aus gestört. Wir haben uns bewusst gegen Gottes Idee von Sexualität entschieden. Ist das schlimm? Ja, schon. Aber viel schlimmer ist, dass die meisten Christen (und ich) Gott noch nicht so ganz verstanden haben. Denn er will Kontakt mit uns. Immer. Je mehr, desto besser. Es ist nicht Gottes Idee, dass wir ihn dann ausschließen, wenn wir uns schlecht fühlen. Gerade dann will er uns eigentlich nahe sein. Ich provoziere mal: Pornos können uns zu Gott treiben, anstatt uns von ihm zu trennen. Dies rechtfertigt deinen Pornokonsum dennoch nicht, sondern sollte dich ermutigen, immer mit Gott im Gespräch zu bleiben, auch wenn du trotz aller guten Vorsätze gescheitert bist und Pornos konsumiert hast.

8. „Sag JA und gib auf!"

Dieser Schritt hätte eigentlich als erster kommen sollen, aber ich habe ihn bewusst an den Schluss gesetzt. Weil er wirklich wichtig ist und weil man sich auf ihm auch zu schnell ausruhen kann.

Er heißt: Sag JA!

Sag ja zu dir.
Sag ja zu deinen Sehnsüchten.
Sag ja zu dir als einem Wesen mit sexueller Energie und Lust.
Sag ja zu dir als Mann.
Sag ja zu deinem Geschlechtsteil.
Sag ja zu deinen Gefühlen.
Sag ja zu deinem Versagen.
Sag ja zu deinen Gaben und allem, was du kannst!

Und zugleich: Gib auf!

Hier beschreibe ich einen echten Spagat. Einerseits brauchen wir die positive Einstellung zu uns, wir müssen lernen, uns und unsere Emotionen wahrzunehmen und anzunehmen. Andererseits müssen wir auch den ersten Schritt des Zwölf-Schritte-Programms der Anonymen Alkoholiker ernst nehmen. Er heißt: „Kapitulation: Wir geben zu, dass wir unser Leben alleine nicht mehr meistern konnten." [89]

Sicherlich kann man die Tipps für Suchtkranke nicht eins zu eins für jedermann übernehmen. Aber es stimmt: Viele Männer kämpften und kämpfen mit ihrem Willen gegen ihren Pornokonsum. Sie schwören sich immer wieder vergeblich: „Das war das letzte Mal, jetzt höre ich auf." Dabei verlieren sie oft

---

[89] Roth, Sexsucht S. 129

ihr „Ja" zu sich selbst als Mann. Denn wer immer wieder kämpft und verliert, der wird irgendwann anfangen, an sich zu zweifeln oder sich zu hassen.

Ich höre mit dem Versteckspiel auf. Ich kapituliere vor mir selbst. Ich gebe meine Schwäche vor einem anderen Menschen zu. Ich gebe zu, dass ich Filtersoftware brauche. Ich gebe zu, dass ich unerfüllte Sehnsüchte habe. Ich bete zu Gott um Vergebung.

Kapitulation!

Im Film „Der König von Narnia" gibt es eine Szene, in der der mächtige Löwe Aslan, auf dem alle Hoffnungen lagen, als Opfer hingerichtet wird. Alle seine Anhänger sind entsetzt. Der große Herrscher ist tot und ausgerechnet jetzt steht die große Schlacht gegen die weiße Hexe und ihre Armee an. Die Geschichte ist an ihrem Tiefpunkt angelangt: Man könnte aufgeben. Die eigene Armee ist klein und ungeübt. Der junge Peter soll das Heer führen. Aber er zweifelt an sich: „Ich kann das nicht." Da machen ihm seine Freunde Mut, zeigen ihm, was in ihm steckt. Er zieht mit seinem Heer in die Schlacht. Als es nach einer Niederlage aussieht und er wieder kapitulieren will, kommen der auferstandene Aslan und eine weitere Armee zur Hilfe. Narnia ist gerettet und der junge Peter hat wichtige Lektionen gelernt. Er hat Mut bewiesen und gespürt, dass er ein Mann, ein Anführer sein kann und dass ihn Menschen dabei unterstützen. Außerdem hat er gelernt, dass er es alleine nicht schafft.

Da, wo wir schwach werden und Hilfe suchen, da werden wir stark.

In dir steckt schon unglaublich viel Potenzial an

Disziplin, Verantwortung, sexueller Kraft und Männlichkeit. Ich als Christ behaupte natürlich, dass Gott der Schöpfer das schon in dir angelegt hat.

Vielleicht hilft es dir ganz praktisch, jetzt ein paar Sätze laut auszusprechen. (Wenn du gerade in einem vollen Bus sitzt oder das Buch heimlich im Unterricht liest, ... solltest du es dir gut überlegen ☺).

„Ja, ich gebe auf. Ich schaffe es nicht allein, heil und ganz zu werden.

Ja, ich brauche andere Menschen und eine höhere Macht!

(Der nächste Satz ist für Christen und die, die es werden wollen.)

Ja, Gott, ich brauche dich und bitte dich um Vergebung.

Ja, ich will Hilfe in Anspruch nehmen.

Ja, ich bin ein Mann, mit allem, was ein Mann braucht.

Ja, ich habe als Mann sexuelle Gefühle und Lust. Das ist okay.

Ja, ich bin so, wie ich bin, gut geschaffen.

Ja, ich habe Sehnsüchte und Gefühle, die ich bisher verstecke.

Ja, ich bin begabt und kann etwas erreichen.

Ja, ich bin ein Mann und ich will Verantwortung übernehmen."

Apropos Verantwortung, darum geht es in Kapitel 9.

EXKURS: (INTERNET-)SEX-SUCHT[90]

Die beschriebenen acht Schritte können Süchtigen und Gelegenheitsnutzern eine Hilfe sein. Wie man eine Sucht erkennt und welche zusätzlichen Schritte nötig sind, dazu nun mehr Fakten.

„Die Häufigkeit der Internetsexsucht wird zwischen drei und sechs Prozent der Nutzer angegeben. Dazu kommt eine deutlich höhere Dunkelziffer für Gelegenheitsnutzer von pornografischen Inhalten, die nicht als typische Süchtige in Erscheinung treten und doch einen enormen inneren Kampf erleben", so beschreibt Dr. Samuel Pfeiffer die Situation. Internetsexsucht ist heute eine meist anerkannte „nicht stoffgebundene" Suchtform, die behandelt werden muss.

Was im Gehirn passiert: In unserem Gehirn gibt es eine Art Belohnungszentrum, das den Botenstoff „Dopamin" ausschüttet. Dopamin ist ein wahrer Wunderstoff, denn er lässt uns das Gefühl von Glück empfinden. Erleben wir also positive Gefühle, lustvolle Erfahrungen oder auch den Umgang mit Suchtmitteln, sind wir eine Zeit lang glücklich. Dabei kann auch schon der Weg zu einem Lust erzeugenden Reiz Dopamin ausschütten (z.B. das sexuelle Vorspiel). Normalerweise reguliert ein Teil unseres Gehirns die Ausschüttung von Dopamin. Das heißt, es sagt uns, dass täglicher Alkoholkonsum nicht gut ist, oder es hemmt unsere sexuelle Lust für eine Weile nach einem Orgasmus. Man spricht von einer Rückbildung der Erregung. Diese Rückbildung ist wichtig, damit

---

[90] Teile des Exkurses sind Publikationen des Weißen Kreuzes entnommen

wir erneut glücksfähig werden. Dieses gelegentliche Belohnen führt zu positiven Gefühlen und lässt uns Genuss erleben. Praktisch heißt das, dass der Genuss von Schokolade uns Glücksgefühle beschert, aber nur, wenn wir sie in normalen Dosen oder zu besonderen Highlights genießen. Für den Bereich Sexualität können wir daraus zwei Folgerungen ziehen: 1. Sexualität und der Orgasmus ist nur eine von vielen Gelegenheiten, wenn Dopamine ausgeschüttet werden. Gutes Essen, berufliche Erfolge, spirituelle Erfahrungen, erfüllende soziale Kontakte können ebenfalls Dopamin erzeugen und uns so befriedigen. 2. Das Erlernen von Abstinenz oder Disziplin (z.B. im Bereich Masturbation) kann unsere Sexualität zu einem genussvollen Erleben bringen.

Wie kommt es nun in diesem Ablauf zur Sucht? Durch bestimmte Faktoren wird der Teil des Gehirns, der für die Regulierung der Dopamin-Ausschüttung zuständig ist, „ausgeschaltet". Das können z.B. seelische Nöte, großer Stress, negative Kindheitserfahrungen oder jugendliche Unreife sein. Bei häufiger Stimulation stumpft das Gehirn ab und braucht immer mehr Reize, um ein ähnliches Glücksgefühl zu erzeugen. Das heißt im Bereich Pornografie, dass sowohl die Häufigkeit des Konsums und der Masturbation als auch die Intensität des pornografischen Materials gesteigert werden muss, um das gleiche Glücksgefühl herzustellen. Pornos müssen härter werden oder der Drang wächst, das Gesehene auszuprobieren. Dies kann in Form von sexueller Aktivität geschehen. In vielen Fällen erhöht sich auch die

Vergewaltigungsbereitschaft, zum einen, weil vermittelt wird, dass Frauen Schmerzen beim Sex mögen, zum anderen, weil jemand keine sexuell aktive Partnerschaft hat.

Hinweise für eine Sucht:
- Kontrollverlust. Man kann seinen Konsum nicht mehr kontrollieren, muss z.B. in der Schule masturbieren oder hält kaum einen Tag ohne Pornos aus.
- Rückzug aus dem normalen Leben. Einschränken von sozialen Kontakten. Rückzug aus Gruppen oder aus der Familie.
- Gefährdung schulischer Leistungen, des Arbeitsplatzes oder des eigenen Körpers (Schlafentzug, mit Schmerzen verbundene Masturbation).
- Mehrmaliges Bemühen damit aufzuhören und regelmäßige Rückfälle.
- Verharmlosung des Konsums und Rechtfertigung des Verhaltens.
- Pornografie und Sex als einziger Fluchtpunkt vor realen Problemen.
- Gedanken, sich umzubringen, wenn man es nicht lassen kann.

Lösungsansätze:
- Nur professionelle Hilfe und Begleitung hilft.
- Totaler Entzug von Pornografie und Masturbation für circa 3 Monate.
- Aufarbeitung der Hintergründe und Erlernen neuer Verhaltensmuster.
- Anders als bei Alkoholikern ist das Ziel nicht

ein lebenslanger Entzug, sondern das Erlernen von genussvoller Sexualität.
- Spirituelle Aspekte. Die übersinnliche Kraft mit einbeziehen.

Erfolgschancen:
- Es ist ein langer Weg, der auch nach der Therapie nicht beendet ist. Die Rückfallgefahr bleibt.
- Wenn der Süchtige sich darauf einlässt und Hilfe von der Familie bekommt, sind die Chancen zur Heilung hoch.

9. Ein echter Kerl werden! – Welche Männer braucht die Welt?

In Kapitel 4 „Wann ist Mann ein Mann" habe ich viele Fragen rund um das Thema „Männlichkeit" gestellt. Dabei ging es um die Bedeutung des Vaters, unsere Verletzungen, die Rolle der Frau und um Spiritualität. Im anschließenden Kapitel „Männer ohne Power" habe ich dann sehr drastisch aufgezeigt, wie Pornos Männern schaden können. Und in Kapitel 6 haben wir hinter die Sehnsüchte und die Lust des Mannes geschaut.

Beim Schreiben dieses Buches habe ich sehr viel über mich und Männer im Allgemeinen gelernt. Deswegen wage ich mich nun an dieses Kapitel. Ich habe keine Ahnung, ob ich überhaupt weiß, was einen echten Kerl ausmacht oder ob ich selbst schon einer bin. Trotzdem will ich meine Gedanken zu dem Thema mit dir teilen. Und wie bei allen Kapiteln gilt: Bild dir deine eigene Meinung!

VERANTWORTUNG
Genauso müsste die große Überschrift über diesem Kapitel eigentlich lauten. Doch „ein echter Kerl werden" klingt eben besser als „Verantwortung", hinter der sich für viele erst einmal etwas Negatives verbirgt. Doch was ist Verantwortung?

Wikipedia: „*Verantwortung bedeutet die Möglichkeit, dass eine Person für die Folgen eigener oder fremder Handlungen Rechenschaft ablegen muss. Sie* drückt sich darin aus, bereit und fähig zu sein, später Antwort auf mögliche Fragen zu deren Folgen zu geben."

Verantwortung hat etwas damit zu tun, dass man Antworten geben kann, dass man in der Lage ist, auf die Frage: „Was machst du da und wieso machst du es?" vernünftig zu antworten. Als Kind müssen die meisten für vieles nicht so direkt Verantwortung übernehmen. „Eltern haften für ihre Kinder", steht auf zahlreichen Schildern. Man muss kein Auto fahren, kein Geld verdienen, ist nur selten ernsthaftes Vorbild für andere und man kann für Unfug noch nicht ins Gefängnis kommen. Das hat durchaus Vorteile. Aber das bedeutet auch, dass man wenig gestalten, wenig selbst entscheiden und weniger Gutes tun kann.

Verantwortung empfinden viele als schwere Last, dabei kann sie auch eine große Chance sein. Wenn ein Junge im Mittelalter ein Schwert geschenkt bekam, dann hatte er verschiedene Möglichkeiten, damit umzugehen:

Er konnte sich beschweren, dass er nun immer so ein schweres Ding mit sich schleppen musste und es zu Hause lassen oder bestenfalls mürrisch mitschleppen.

Oder er konnte sich freuen und damit wild in der Gegend rumfuchteln, Leute ziellos verletzen und riskieren, sich selbst umzubringen.

Er konnte sich aber auch freuen, sich mit dem Schwert stark fühlen und im Angriffsfall seine Stadt, sich selbst und seine Familie verteidigen. Und er konnte lernen, mit seiner Waffe gut umzugehen und den Umgang mit dem Schwert anderen beizubringen.

Dieses Beispiel veranschaulicht die Verantwortung, die wir haben. Ich will das Schwert mit Freude nehmen und sinnvoll einsetzen.

1. Verantwortung für mich selbst
Meine Sehnsüchte und meine Verletzungen
„Weil mein Vater mich gehauen hat, haue ich heute meine Freunde."

„Weil meine Mutter mich so lange gestillt hat, mag ich Brüste so gerne und schaue heute Pornos."

„Weil meine Freundin mich verlassen hat, rauche ich wieder."

Ja, andere Menschen prägen unser Leben, und leider oft auch negativ. Trotzdem liegt die Verantwortung, wie wir damit umgehen, bei uns. Ich kann doch nicht ewig auf andere zeigen und sie für alles Schlechte in meinem Leben verantwortlich machen. Das führt zu nichts. Wir müssen uns unseren negativen Erfahrungen stellen und unsere Wunden anschauen. Wir dürfen uns eingestehen: Ja, wir haben Sachen erfahren, die uns wehgetan haben. Das kann sehr schmerzhaft sein, und wie in den vorherigen Kapiteln beschrieben, brauchen wir Menschen, die mit uns diese unverheilten Verletzungen anschauen. Wunden wachsen meistens aber auch wieder zu, wenn wir sie behandeln. Es bleiben Narben zurück, die immer mal wieder wehtun können. Sie sehen nicht gut aus, aber sie gehören dann einfach zu uns und wir dürfen und können mit ihnen leben. Vielleicht können wir anderen Verwundeten durch unsere Narben sogar besser helfen.

Die offene Wunde nur zu verdecken oder sie bei jeder Gelegenheit wieder allen zu zeigen, das ist keine Lösung. Du bist nicht länger das arme Opfer, du kannst dich auf den Weg machen zu einem heileren Menschen, der anderen Opfern Kraft gibt.

Mein Körper
Ich selbst bin schon, seitdem ich ein kleines Kind war, ein wenig übergewichtig. Bis heute esse ich zu gerne. In den letzten Jahren habe ich allerdings angefangen, regelmäßig Sport zu machen. Seit ein paar Monaten bin ich im Kanuverein. Es ist schon etwas deprimierend, wenn kleine Mädels mit ihrem Kajak winkend an mir vorbeiziehen, während ich mit meinen 28 Jahren versuche, nicht schon wieder zu kentern (diese Rennkajaks sind aber auch wackelig). Aber es tut mir gut, zweimal die Woche Sport mit anderen zu machen. Meine Frau behauptet sogar, dass ich schon mehr Muskeln hätte. Wawoh! ☺

Wir können saufen, fressen, kiffen, rauchen, Extremsport machen, uns überarbeiten, zu wenig schlafen, aufs Waschen verzichten, Drogen nehmen, Medikamente schlucken. Es ist unser Körper. Aber wir haben nur einen und der muss unser ganzes Leben halten.

Oder wir können Sport treiben, gesünder essen, uns Auszeiten und Urlaube gönnen, uns pflegen, genug schlafen, Alkohol hin und wieder genießen. Und auch dabei sollten wir nicht vergessen: Unser Körper wird sowieso zerfallen, was bleibt, ist die innere Schönheit. Es gibt die unterschiedlichsten Lebensstile und wichtig ist dabei, dass du dich in deinem Körper wohlfühlst. Models, Pornodarsteller oder Schauspieler sind nicht das Maß aller Dinge.

Mein Glücklichmacher

Mir ist kein besseres Wort als „Glücklichmacher" eingefallen.

Ich meine damit diese Momente, in denen wir einfach glücklich sind, in denen wir uns besonders wohl in unserer Haut fühlen. Momente, in denen wir die Welt umarmen wollen, die Momente, in denen wir vielleicht glauben, dass sie göttlich sind. Für einige bedeutet das, einfach in der Natur zu sitzen und still zu werden. Für andere sind diese „Glücklichmacher" Menschen, bei denen sie sich wohlfühlen, oder Orte, an die sie gute Erinnerungen haben. Wieder andere haben diese Momente auf einem Rockkonzert, allein in der Wildnis oder in dem Moment, wenn ein Flugzeug abhebt. Wir brauchen Ereignisse und Momente, in denen wir froh sind. Viele Menschen, besonders die vom Modell Sklave, haben vergessen, sich diese Zeiten einzuplanen. Doch es sind eben solche Momente, die uns am Leben erhalten, in denen wir spüren, dass das Leben schön ist, und einige von uns spüren darin eine Macht, die sie Gott nennen.

Glücklichmacher funktionieren nicht so gut, wenn wir sie ständig nutzen. Aber wir brauchen sie regelmäßig in unserem Leben. Übrigens sagen Psychologen, dass Menschen, die genießen können, weniger anfällig für Suchterkrankungen sind.

Meine Freunde

Im letzten Kapitel habe ich schon ein paar Punkte zum Thema Freundschaft geschrieben.

Freunde sind klasse. Ich finde meine Freunde super. Sie sind witzig, hören mir meistens zu, interessieren sich für mich und teilen ihre Freuden und ihre Probleme mit mir.

Leider fallen gute Freunde nur sehr selten vom Himmel. Freundschaft entsteht dann, wenn man Zeit miteinander verbringt, Interesse am anderen zeigt, Geheimnisse für sich behält, dem anderen seine Freiheit lässt, in schweren Zeiten da ist, seine eigenen Gefühle mitteilt, ... Mir fällt es leicht, Freunde zu finden. Mir fällt es schwer, gute und tiefe Freundschaften aufzubauen. Ich bin nicht gut darin, meine Gefühle zu offenbaren und in Menschen zu investieren, auch wenn mal nichts zurückkommt. Ob andere meine Freunde sein wollen, das habe ich nicht in der Hand. Ob ich versuche, dem anderen ein guter Freund zu sein, das ist meine Verantwortung. Ich will lernen, ein guter Freund zu sein.

Mein Glaube

Vielleicht wundert es dich, was dieses Thema hier zu suchen hat. Aber ich finde es wichtig, dass wir zu diesem Thema Position beziehen. Männer müssen sich meiner Meinung nach den Fragen nach einer höheren Macht oder einem Leben nach dem Tod stellen. Wie du sicher schon mitbekommen hast, habe ich mich für den christlichen Gott entschieden. Sicherlich hängt das mit meiner christlichen Erziehung zusammen und damit, dass meine Eltern mir ein authentisches Christsein vorgelebt haben. Trotzdem gab es in meinem Leben auch Phasen, in denen ich Gott in Frage gestellt habe. Aber gerade in schwierigen Zeiten habe ich in Gebeten, bei Christen und im Bibellesen Kraft und Trost gefunden. Ich musste etwas erleben und spüren, um zu glauben. Einen großen Einfluss hatten und haben in meinem Glauben Christen, die ich kennenlerne. Zugegeben schrecken mich einige bis heute ab, besonders die Frommen, die viel reden und nicht entsprechend leben. Aber ich treffe immer wieder Menschen, die eine Liebe und Ruhe ausstrahlen, die mich tief beeindruckt. Wenn diese Christen aus ihrem Leben erzählen, dann wird schnell klar, dass sie keine Heiligen sind. Sie berichten von teils furchtbaren Erlebnissen. Und dann erzählen sie davon, wie Gottes Heilung und Vergebung sie verändert hat.

Mich beeindruckt das Vorbild Jesus. Mich begeistert der Gedanke, dass Gott immer da und ansprechbar ist. Mich beruhigt, dass die Bibel von einem Leben nach dem Tod spricht und dass es dort keinen Schmerz, keine Tränen und keinen Hass mehr geben wird. Das alles kann ich nie 100-prozentig wissen, aber ich glaube es.

Wenn du mich fragst, würde ich dir immer empfehlen, es mit diesem Gott auszuprobieren. Ich würde sogar sagen, dass, selbst wenn es ihn nicht gäbe und es nach dem Tod nicht weiterginge, ich trotzdem Christ wäre. Aber wichtig ist, dass du dir eine eigene Meinung bildest und die Folgen bedenkst.

Meine Sexualität

Jaja, das Thema schon wieder. Ich hoffe, du hast in Kapitel 6 verstanden, dass deine Sexualität zu dir gehört, dass Sexualität etwas Schönes und ganz Besonderes ist.

Aber wir sind keine Tiere, die ihre Sexualität nicht steuern können. Wie wir damit umgehen? Wie wir Frauen gegenüber auftreten? Was wir mit dem erregenden Anblick eines großen Ausschnitts machen? Das ist unsere Entscheidung.

Meine Vorbilder
In Kapitel 4 habe ich dir die Frage nach deinem männlichen Vorbild gestellt. Auch Frauen können für uns genauso wichtige Vorbilder sein. Von welchen Menschen kannst du etwas lernen? Welcher Lehrer, Jugendleiter, Verwandter oder Chef ist ein Vorbild für dich? Welche Menschen aus der Geschichte können Vorbilder für dich sein? Meine Vorbilder heißen auch Dietrich Bonhoeffer, Bill Hybels oder Mutter Theresa. Keinen der drei habe ich jemals persönlich getroffen. Trotzdem hat mich ihr Leben fasziniert und ihre Bücher beeinflusst. Ich versuche mich gezielt mit Menschen zu beschäftigen, die für mich Vorbilder sind, und ich beobachte ihr Leben. In einigen Gremien im Bereich der Jugendarbeit sitze ich, weil ich dort erfahrene Jugendreferenten und Leiter beobachten und befragen kann. Hast du Vorbilder und lernst du von ihnen?

Meine Echtheit
Ich habe, um dieses Buch zu schreiben, viele andere Bücher gelesen. Einige habe ich sogar mehrmals zitiert. Aber es wäre wirklich komisch gewesen, wenn ich das Inhaltsverzeichnis, ganze Kapitel oder einen Schreibstil kopiert hätte. Von Vorbildern können wir viel lernen, aber wir dürfen uns nicht verstellen und wie sie werden wollen. Ich kenne eine Gemeinde, da predigen fast alle Prediger wie die Hauptpastorin. Sie tun das alle sehr gut, aber etwas eigenartig finde ich es schon.

Das Buch hat den Untertitel: „Warum echte Kerle Nein sagen" bekommen. Erst beim Schreiben habe ich gemerkt, wie sehr das zu meiner Botschaft passt. Echte Kerle müssen keine Rambos, Survival-Freaks, Frauenversteher, Biertrinker, dreckige Witzeerzähler oder Krieger sein. Echte Kerle müssen echt sein. „Die individuelle maskuline Identität entwickelt sich von allein, wenn ein Mann mit sich selbst und anderen echt ist. Echtheit ist der Schlüssel."[91] Für mich heißt Echtsein, meine Schwächen, Sehnsüchte und die dunklen Seiten anzusehen und gleichzeitig zu kapieren, dass sie nur ein Teil von mir sind und in mir daneben ganz viele geniale Eigenschaften, Gaben und Kräfte liegen. Wer ich wirklich bin, erkenne ich besonders in der Gemeinschaft mit echten und annehmenden Menschen. Außerdem helfen Persönlichkeitstests und Mentoren auf dem Weg zur Echtheit.

„Wer ein ‚richtiger Mann' sein will, versuche also nicht ein ‚richtiger Mann' zu werden. Sondern er selbst. Dann ist er ein richtiger Mann."[92]

2. Verantwortung für Partnerschaft und Familie
Prinzessinnen
Stell dir mal die Welt ohne Frauen vor! Einigen Männern würde das vielleicht gefallen, mir würde nach ein paar Tagen etwas fehlen. Frauen bereichern uns Männer. Wir können so viel von ihnen lernen. Sie sind wunderbare, feinfühlige Wesen, die uns Männer oft ergänzen. Was wären viele berühmte Männer ohne ihre starken Frauen gewesen. Was wären viele

---

[91] Giesekus, Malessa, Männer sind einfach S. 136
[92] ebd. S. 138

von uns ohne unsere guten Freundinnen. Ganz zu schweigen von Frauenkörpern, ihrer sanften Haut, ihren Rundungen ... Ich mache hier besser mal Schluss, sonst wird das noch Erotik. ☺

Frauen sind wunderbar. Umso toller, dass wir mit ihnen zu tun haben dürfen. Sie sind unsere Mütter und Schwestern, unsere Freundinnen und Kolleginnen und vielleicht auch unsere Partnerinnen. Auch hier gilt wieder: Wie wir mit ihnen umgehen, hängt an uns.

Tarzan: behandelt sie als Lustobjekte und lässt sie für sich springen

Couch: ignoriert sie einfach und läuft vor ihnen weg

Sklave: ordnet sich ihnen voll unter und wird zum Langweiler, der Frauen nichts bietet.

Prinzessinnen haben oft das Problem, dass sie wie die Prinzessin auf der Erbse denken, die ganze Welt dreht sich nur um sie. Da kann es auch mal gut und verantwortlich sein, der „Hoheit" zu zeigen, dass die Welt sich um die eigene Achse und nicht um „Madame" dreht. Das ist der Balanceakt mit unseren Partnerinnen: Es gilt, sie immer wieder zu erobern, ohne dass sie zur allein herrschenden Königin werden.

Bei Jugendlichen erlebe ich immer öfter, dass die Verhältnisse zwischen Jungs und Mädchen sehr unklar sind. Tim erzählt auf der Freizeit von seiner Freundin zu Hause, kauft ihr ein großes Zuckerherz und dann sehe ich ihn die ganze Zeit zusammen mit Nicole rumhängen und schließlich Händchen halten.

Als ich ihn darauf anspreche, erklärt er mir, da sei doch gar nichts. Andere Jungs kuscheln kurz mit der einen und dann mit der anderen. „Flirten mit Anfassen" nennt man das wohl. Dass sich dabei sicher der eine oder die andere große Hoffnungen macht und dass man echte Pärchen kaum noch von den anderen unterscheiden kann, scheint egal zu sein.

Es kann nur eine Prinzessin geben und die sollten wir erobern. Alle anderen Frauen dürfen wir respektieren.

Partnerschaft und Ehe
Ich behaupte, es ist die größte Entscheidung, die ein Mann trifft: „Ich will dich heiraten, in guten und in schlechten Zeiten zu dir halten, bis dass der Tod uns scheidet."

Oft bekomme ich mit, wie in Beziehungen mit den Gefühlen des Partners gespielt wird. Ein Mann redet nach ein paar Wochen Beziehung von der gemeinsamen Zukunft, plant den Ort der Hochzeit und am nächsten Tag spricht er von Trennung. Eine Frau macht nach zwei Jahren Beziehung, ohne einen Grund zu nennen, Schluss. Ein Mann geht fremd, obwohl er zu Hause zwei kleine Kinder und eine einsame Frau sitzen hat.

Verantwortung?

Natürlich können Beziehungen und Ehen kaputtgehen, aber die Frage ist doch, wie gehe ich an die Sache heran? Baue ich eine Partnerschaft langsam und respektvoll auf, springe ich gleich ins Bett oder mache ich dem anderen Hoffnung auf eine lange Beziehung, obwohl ich mir da gar nicht so sicher bin? Bin ich wirklich bereit, für eine Partnerschaft oder Ehe zu kämpfen? Bin ich bereit, Eheberatung oder Seelsorge in Anspruch zu nehmen? Bin ich bereit, an meiner eigenen Beziehungsunfähigkeit zu arbeiten? Liebe ist wunderschön! Aber Liebe ohne Verantwortung für mein Herz und das Herz des anderen ist keine Liebe.

Kinder
Vielleicht ist das Thema für dich noch sehr weit weg. Das ist auch vollkommen okay. Aber es gehört nun mal zum Thema Partnerschaft dazu. Partnerschaft und Ehe sind kein Selbstzweck für zwei einsame Herzen. Unsere Gesellschaft braucht Kinder. Kinder sind etwas Wunderbares. Ich habe vor der Verantwortung, die Mütter und Väter übernehmen, echten Respekt. Und ich freue mich schon auf unsere Kinder (wenn es denn klappt). Aber ich weiß, dass Vater werden mein Leben verändern wird. Ich werde nicht mehr so viele Überstunden machen können. Ich werde weniger Geld zur Verfügung haben. Ich werde seltener nachts Party machen können. Ich werde „Kacka" und Kotze wegwischen. Viele Männer wollen zwar das Glück des Vaterseins erleben, ohne aber diese Begleiterscheinungen zu übernehmen. Viele wollen mit einer Frau schlafen, ohne dass sie bereit sind, diese Verantwortung zu übernehmen. Natürlich gibt es Verhütungsmittel, aber keins von ihnen wirkt 100 Prozent. Ich finde, wer Sex hat, der sollte bereit sein, mit der Frau mindestens 19 Jahre zusammen zu sein (bis das Kind erwachsen ist) und er sollte sich bewusst sein, dass aus dem kurzen Spaß bald ein kleiner Ernst werden kann.

Männer, so viel Verantwortung muss doch sein, oder!?

3. Verantwortung für die Gesellschaft

Sieht Mahatma Gandhi so aus, wie man sich einen Helden vorstellt: Dünn, klein und mit Brille? Nein, nicht wirklich. Aber dieser kleine Inder ist für mich ein echter Kerl. Gandhi hat in Indien friedlich und unter Lebensgefahr gegen die Unterdrückung durch die britische Kolonialherrschaft gekämpft. Er ist für mich ein Vorbild, denn er hat sich nicht aufs Sofa verkrochen, sondern Verantwortung für die Gesellschaft übernommen. Und in welchen Bereichen wollen/können wir das tun!?

Mein Geld

Ich habe ein Sparkonto. Das mag ich sehr gerne – zu gerne. So gerne, dass ich immer wieder nachschaue, wie viel Geld da drauf ist. Andere haben ein Auto, das sie jede Woche streicheln, eine Playstation, die sie jede Woche abstauben, ein iPhone, das mit im Ehebett schläft, oder sonst irgendeinen Gegenstand, der ihnen sehr wichtig ist und um den sie Angst haben. Wir sind geprägt von „Mein Haus, mein Auto, mein Boot" und dem Slogan „Geiz ist geil". Statussymbole sind für Männer angeblich sehr wichtig. Aber macht das einen echten Kerl aus?

Andere Frage: Hast du dein Geld, deinen Besitz verdient? Vielleicht hast du ihn sogar selbst verdient und profitierst nicht (wie ich) von der Großzügigkeit der Eltern und dem Fleiß der Großeltern. Aber hast du es verdient, in einem Land zu leben, in dem man sich etwas verdienen kann? Hätte es der fleißige Arbeiter, der meine Adidas Schuhe in China zusammenbaut, nicht auch verdient, einen Laptop und eine Riester Rente zu haben? Gehört all dein

Geld, dein Besitz wirklich dir? Ich weiß, ich stelle unbequeme Fragen. Sie sind auch für mich unbequem und ich stelle sie mir schon längere Zeit. Für 30 Euro im Monat kann ein Kind in Afrika Bildung und Essen bekommen,[93] für 60 Euro im Monat könnten zehn Spender einen FSJler bezahlen, der sich mit Liebe und Zeit in Schüler an sozialen Brennpunkten investiert.[94] Für 50 Euro im Monat könnte ich auf fair gehandelte Lebensmittel umsteigen. Für 20 Euro kann ich sechs gute Freunde zu einem selbst gekochten Essen einladen. Die Liste ist lang.

Achtung, mir geht es nicht um Druck oder ein schlechtes Gewissen! Aber wer in Deutschland aufwächst und zu den 8 Prozent Reichen in der Welt gehört, steht vor der Verantwortung, sich die Frage zu stellen: „Was mache ich mit meinem Geld? Gehe ich sinnvoll und verantwortlich damit um?"

Meine Zeit

Es ist eine ähnliche Frage wie beim Geld: Was machst du mit deiner Lebenszeit? Die Frage dahinter ist die nach deinem Traum, deiner Vision für dein Leben. Wo willst du hin? Was ist dein Ziel? Erinnerst du dich an die Frage aus Kapitel fünf, was die Leute an deinem Grabstein für Reden halten werden? Ob sie sagen, „er hatte sehr viel Zeit zum Chillen" oder „er hat seine Zeit für das Wohl anderer Menschen eingesetzt", das kannst du entscheiden. Dabei habe ich nichts gegen gelegentliches Chillen, aber bitte nicht als Lebenskonzept.

---

[93] z.B. bei Compassion www.compassion.de
[94] z.B. bei der Schuljugendarbeit von meiner Frau und mir in Leipzig

Ich mache alle paar Jahre einen kurzen Check, den ich jedem mal empfehlen würde.

Eine Woche hat 168 Stunden. Nun macht man sich eine Liste, wie viele Stunden in der Woche man mit was verbringt. Zum Beispiel: 60 Stunden Schlafen, 40 Stunden Arbeiten, 2 Stunden Bad, 8 Stunden Essen, 10 Stunden Fernsehen, ... Zusammen gerechnet muss man auf 168 Stunden kommen. Was stellst du dabei fest?

Für mich ist es interessant, wie viel Zeit ich mit meiner Grundversorgung verbringe und wie wenig Zeit ich für andere investiere.

Ideen, was man mit seiner Zeit für andere machen kann, gibt es unglaublich viele:

Leuten einfach zuhören, Menschen einladen, sich politisch engagieren, Menschen in der Nachbarschaft helfen, Kuchen backen für den Gemeindetag, sich in die Jugendarbeit einbringen und und und.

Zu dem Thema kannst du auch einfach noch einmal Kapitel 5 (S. 55ff.) lesen.

Meine Macht

Du hast Macht. Du hast Macht als Konsument, als Freund, als Wähler, als Blogger, als Kind, vielleicht mal als Vater oder Chef. Ich komme mir zwischen 80 Millionen Deutschen oft sehr machtlos vor, aber das ist falsch: Wir haben Macht in unserem Umfeld. Wir können Menschen beeinflussen, wir können unsere Meinung sagen, wir können Unrecht ansprechen. Macht kann ich dafür benutzen, dass ich gut dastehe. Das machen sehr viele Menschen in unserer Welt. Ich kann aber auch Macht ausüben, um Schwachen, Leisen, Unterdrückten, Missbrauchten, Vergessenen eine Stimme zu geben. Ein Bekannter von mir hat sich zur Stadtratwahl aufstellen lassen und tritt nun für christliche Werte in unserer Stadt ein. Viele andere sind zur Wahl gegangen und haben ihn gewählt. Jeder von uns kann seinen Bürgermeister, Landtagsabgeordneten, Bundestagsabgeordneten kontaktieren und seine Anliegen vorbringen.

Wenn ich einkaufe, kann ich mitbestimmen, wer mein Geld bekommt.

Hast du schon mal die Super-Nanny gesehen? In dieser Fernsehsendung bemerkt man oft schnell, dass meist nicht die Kinder, die durchdrehen, das Problem sind, sondern die Eltern. Ich erlebe das bei meiner Arbeit als Jugendreferent genauso: „Zeig mir die Eltern und ich kann dir einiges über das Kind sagen." Eltern haben einen riesigen Einfluss auf ihre Kinder. Du als Vater kannst deine Kinder prägen.

Freunde von mir wollen gerne Chefs in Firmen werden, um dort etwas voranzubringen.

Du kannst etwas verändern!

Nutze deine Macht!

Mein Spaß

Dir ist dieses Kapitel zu anstrengend? Ja, mir irgendwie auch. Aber könnte es sein, dass sich die Anstrengung, die Verantwortung mit sich bringt, lohnt? Könnte es sein, dass ich auf lange Sicht mit einer akzeptierten Vergangenheit, einem Gott an meiner Seite (wenn man das möchte!?), einem Körper, den ich mag, gelegentlichen besonderen Glücksmomenten, einer disziplinierten und erfüllten Sexualität, lehrreichen Vorbildern, einem Gefühl, echt zu sein, einer Prinzessin an meiner Seite in einer lebenslangen Partnerschaft, weniger Geld, aber tollen Kindern, einer gerechteren Welt, mit Zeit und Macht, die ich für andere einsetze, ein gutes und wirklich spannendes und erfüllendes Leben führen könnte, das auch anderen guttut? Würde sich dafür ein bisschen Verantwortungsstress nicht lohnen?

Fehler machen!
Ich sitze mit einem jungen Leiter eines Jugendwochenendes am letzten Morgen zusammen. Er ist unzufrieden, wie einige Sachen gelaufen sind. Zum ersten Mal hat er die Leitungsverantwortung übernommen, und ja, es sind ein paar Dinge schiefgelaufen. Der junge Leiter zweifelt an sich und seiner Begabung, leiten zu können. Ich erzähle ihm von meinen ersten Leitungs-Erfahrungen und den Pannen dabei. Und ich sage einen unglaublich schlauen Satz, der nicht von mir ist: „Wer nichts tut, der macht scheinbar keine Fehler." Richtig, wer keine Verantwortung übernimmt, macht auf den ersten Blick keine offensichtlichen Fehler. Hätte der junge Leiter sein Wochenende zu Hause am PC verbracht, dann wäre er an diesem Morgen nicht so bedrückt gewesen. Aber gleichzeitig hätten 20 Jugendliche kein so geniales Wochenende gehabt, er hätte nichts gelernt und er hätte keine neuen Bekanntschaften gemacht.

Wir dürfen Fehler machen. Das ist das Gute, wenn man Verantwortung übernimmt: Man darf Fehler machen. Wir werden weiterhin Menschen verletzen. Wir werden weiterhin selbst verletzt werden. Aber wir werden vorangehen und weiterkommen.

10. Letzte Gedanken

DIE KRISE

Während ich dieses Buch hier so schreibe, stelle ich mir immer wieder folgende Frage: Gibt es in Zeiten von Wirtschaftskrise oder Klimawandel eigentlich kein wichtigeres Thema als Jungs und ihre Pornos? Hat die Gesellschaft nicht ganz andere Probleme?

Die Finanz- und Wirtschaftskrise ist täglich in den Medien: Milliarden werden in abgewrackte Autos, Banken und die Sanierung von Schulen gesteckt. Die wahren Verlierer der Krise, die Menschen in den Entwicklungsländern und Hungergebieten, stehen kaum in den Schlagzeilen.

In Deutschland haben wir – meiner Meinung nach – schon seit Jahren eine ganz andere Krise. Eine tiefe Krise, die alle Schichten unserer Gesellschaft durchdrungen hat. Eine Krise, bei der kein Konjunkturpaket und kein angeregter Konsum helfen werden. Eine Krise, für die ich noch kein Ende absehen kann. Eine Krise, über die fast kein Journalist berichtet, die kein Politiker bekämpfen will. Es ist die „Liebeskrise" oder auch „Egokrise" genannt!

„Mein, mir, mich, ich", das sind die großen Schlagwörter der Krise. Ich mag meinen Laptop, mein Auto und meinen Urlaub. Und wenn ich morgen von Hartz IV leben müsste, hätte ich das vermutlich alles nicht mehr. Das wäre nicht schön, aber wäre das wirklich so dramatisch? Viel schlimmer wäre es doch, wenn meine Frau mich verlassen würde, sich meine Familie von mir abwenden würde oder sich alle meine Freunde verabschiedet hätten.

Hast du etwas gemerkt: „meine Frau, meine Familie, meine Freunde". Natürlich brauchen wir ein bisschen Egoismus zum Überleben. Aber was bedeutet eigentlich: „Ich liebe dich"? Heißt das übersetzt: Ich brauche dich, damit du meine Bedürfnisse nach Nähe, Freundschaft und Sex erfüllst? Oder heißt das auch: Ich biete dir meine Nähe, Freundschaft und Sex an, auch in schlechten Zeiten, auch wenn du mal unten bist und Fehler machst? Unsere Casting- und Werbegesellschaft macht klar, dass du besonders reich, hübsch, sexy oder schlau sein musst, um etwas zu werden und um geliebt zu sein. Scheidung ist die Norm, Eltern sehen ihre Kleinkinder noch zwei Stunden am Tag, Oma ist irgendwo im Altersheim, die Hälfte der eingeschulten Kinder haben soziale Auffälligkeiten, Freunde hat man fast nur noch in Netzwerken wie facebook oder bei StudiVZ, 12-jährige Mädchen werden Mütter, ...

Jetzt male ich aber ein bisschen schwarz, denkst du? Kann sein. Aber es ist das, was ich sehe, wenn ich unsere Gesellschaft anschaue. Psychotherapeuten haben ihre Praxen voll, Erzieher und Lehrer kommen an ihre Grenzen, Scheidungsanwälte verdienen gut. Ein Gefühl für selbstlose Liebe ist uns anscheinend verloren gegangen.

Ich möchte nicht einfach nur die Probleme benennen. Das tun andere zur Genüge. Was ist die Lösung? Mit einem Freund sprach ich vor ein paar Tagen über unsere Schulprojekte und das Buch, das ich schreibe. Er regte sich über unsere Gesellschaft in Deutschland auf und meinte irgendwann: „Du änderst doch mit deinen Projekten auch nichts, man muss das System ändern." „Wie macht man das?", fragte ich ihn. Er zuckte mit den Achseln: „Weiß ich ja auch nicht." „Siehste, ich auch nicht, aber ich tue wenigstens das, was Einzelnen hilft." Schweigen.

Die Pornogesellschaft ist ein Auswuchs der „Liebeskrise". Wir brauchen Menschen, die wieder anfangen zu schenken. Geld zu verschenken, damit soziale Aktionen in Deutschland und weltweit möglich werden, Zeit zu verschenken für Kinder, Alte, Einsame, selbstlosere Liebe schenken in Beziehungen und Freundschaften. Menschen die nicht motzen, sondern klotzen. Männer, die sich nicht im Pornosumpf verstecken, sondern Verantwortung und Liebe üben und die Jungs zeigen, wie sie echte Kerle werden. Frauen, die zu sich selbst ja sagen und wissen, dass sie ihren Wert nicht nur von ihrem Job und Männern abhängig machen können.

Was motiviert Menschen, das zu tun, zu lieben? Mich motiviert die Liebe Gottes, das Vorbild Jesu, andere Menschen, die lieben, der Erfolg, den ich sehe, wenn Menschen sich geliebt fühlen. Und ich schreibe diese letzten Zeilen als Erstes für mich. Weil es so einfach ist, sich aus dem Leben und der Verantwortung zurückzuziehen. Weil ich Beziehungen und andere Menschen anstrengend finde. Aber was macht mich denn wirklich langfristig glücklich? Es ist erlebte und weitergeschenkte Liebe. Ich habe einen Traum – den Gott schon lange hat – eine vom Geld und von allen Ersatzgöttern erlöste Welt der Liebe.

MEIN WUNSCH FÜR DICH

Mein Wunsch für dich ist, dass du Freiheit findest.

Mein Wunsch für dich ist, dass du ein echter Kerl wirst.

Mein Wunsch für dich ist, dass du zu dir selbst „JA" sagen kannst.

Mein Wunsch für dich ist, dass du irgendwann erfüllte und wirklich befriedigende Sexualität leben kannst.

Mein Wunsch für dich ist, dass du durch dieses Buch gespürt hast, wie wichtig Gott in meinem Leben ist.

Mein Wunsch für dich ist, dass du dich fragst: Welche Rolle soll dieser Gott in meinem Leben spielen?

Mein Wunsch für dich ist, dass du gute Freunde und Begleiter an deiner Seite hast.

Mein Wunsch für dich ist, dass du ein Ziel im Leben findest, für das es sich zu leben lohnt.

Mein Wunsch für dich ist, dass du ein paar Gedanken aus diesem Buch behältst und sie dir guttun werden.

Mein Wunsch für dich ist, dass Gott dich segnet und du seine Liebe für dich spürst.

P.S.: Mich interessiert, wie dir dieses Buch gefallen hat. Was war gut? Was hat dich geärgert? Was hat dir geholfen? Wo suchst du vielleicht noch Hilfe?

Mail mir einfach an **c.pahl-buch@gmx.de**. Es kann ein paar Wochen dauern, bis ich zurückschreibe, aber jede Mail mit Fragen wird beantwortet.

Exkurs:
Hilfen für Eltern und Partnerinnen

Wenn du ganz geschickt die anderen Kapitel über-sprungen hast und direkt hier anfängst zu lesen, dann muss ich sagen: Es ergibt nicht viel Sinn, nur dieses eine Kapitel zu lesen. Wenn du deinen Part-ner oder dein Kind wirklich verstehen willst, nimm dir die Zeit und lies auch die anderen Kapitel.

Auch für alle Betroffenen ist das Lesen dieses Ka-pitels sicher ein Gewinn, denn sie bekommen einen Einblick in die Gefühle der Partnerinnen und die Fra-gen und Sorgen der Eltern.

NIX VERSTEHEN!

Vor Kurzem habe ich ein paar Tage in Madrid ver-bracht. Heiße Sonne, schöne Parks und Gebäude, le-ckere Tapas und natürlich jede Menge Spanier. Die-se äußerst freundlichen Menschen haben ein recht hohes Mitteilungsbedürfnis und sprachen mich ei-nige Male an. Leider endet mein Spanisch bei den Worten „vamos a la playa – oh oh oh". Und auch die Deutsch- und Englisch-Kenntnisse vieler Spanier reichen nicht aus, um sich zu unterhalten. So konn-te ich mit einem einfachen „No hablo español" (ich spreche kein Spanisch) die meisten Verkäufer und sonstige für mich uninteressanten Gesprächspartner abwimmeln. Ich verstand sie nicht und ich wollte sie auch gar nicht verstehen: „Was interessiert mich denn Spanisch?" Anders wurde es dann, als ich im

Restaurant saß und ich bei der Kellnerin meine Tapas bestellen wollte. Auf einmal fand ich in meinem Wortschatz doch noch spanische Wörter, ich suchte nach einem Wörterbuch, wir verständigten uns mit Händen und Füßen und ich versuchte zu verstehen, was ich gerade bestellte. Denn ich wollte sichergehen, keine Stierhoden oder Ähnliches auf meinem Teller zu finden.

Einmal mehr wurde mir bewusst, wie viel davon abhängt, ob ich jemanden verstehen will oder nicht.

Was ich mir aus meiner Erfahrung als Konsument von Pornos heraus wünsche, ist, dass andere sich Mühe geben, mich zu verstehen. Dass sie sich mit mir und meinem Verhalten beschäftigen. Verstehen heißt dabei nicht, dass sie alles gut finden oder dass sie mein Verhalten akzeptieren. Verstanden werden bedeutet für mich, dass man mir zuhört, dass man sich informiert: Wie geht es anderen mit dem Thema? Was kann hinter Pornokonsum stecken? Wieso tun Menschen so etwas?

Spanisch versteht man nicht nach einem Tag! Pornografie und die Auswirkungen auf uns Männer versteht man eventuell auch nicht an einem Tag. Meine Frau hat sich auf den Weg gemacht, mich zu verstehen. Sie hat mich gefragt. Sie hat im Internet recherchiert. Sie hat gute männliche Freunde zu dem Thema befragt. Sie wollte mich verstehen. Auch wenn sie bis heute nicht alles verstanden hat, so war es für mich toll, zu sehen, dass sie mich nicht gleich als „perversen Lüstling" abgestempelt hat, sondern dass sie dahintergeschaut hat. Besonders deshalb, weil ich mich in den Phasen des Verlangens nach Pornos selbst nicht verstanden habe.

Dieses Buch ist mein Beitrag zum Verstehen. Ich hoffe, dass es aufzeigt, wie Frauen und Männer unter Pornos leiden können. Empfehlen kann ich besonders die Internetseite www.loveismore.de. Hier finden sich Berichte von betrogenen Frauen und weitere Infos zum Thema. Tun Sie es aus Liebe zu Ihrem Partner, Ihrem Kind: Versuchen Sie zu verstehen.

DER UNTERSCHIED ZWISCHEN SCHATZI UND MAMA
„Mein Karlheinz tut so etwas nicht."

Das könnte sowohl eine Mutter über ihren Sohn als auch eine Frau über ihren Mann sagen. Und auch wenn sich leider viele Männer in einer Ehe wie ein Sohn behandeln lassen, so gibt es doch einen großen Unterschied, ob der Partner oder das Kind Pornos konsumiert. Eltern, die entdecken, dass ihre Kinder Pornos schauen, sind entsetzt über ihre „kleinen Süßen" und stellen ihre Erziehung in Frage. Frauen, deren Männer Pornos konsumieren, stellen sich und ihren kompletten Wert in Frage. So erschreckend und bedrückend es ist, wenn ihre geliebten Kinder betroffen sind, der Schmerz und die Konsequenzen für Partnerinnen sind oft noch schrecklicher.

DER SCHOCK
In dem Buch „Ich war eine von vielen"[95] berichtet Ilona Jacobs:

„Ich greife nach der Aktentasche meines Mannes

---

[95] Jacobs, Ich war eine von vielen. Erschienen im Verlag der Francke-Buchhandlung GmbH, Marburg

im Flur und öffne sie mit einem Klick, um die Frühstücksbox herauszuholen. Doch plötzlich liegt die Brotdose verloren neben der Aktentasche auf dem Boden. Verwirrt sehe ich auf die Zeitschrift, die ich in meinen Händen halte. Druckfrisch. Glänzend. Auf der Titelseite ein hübsches Mädchen. Der Schreck fährt mir durch den ganzen Körper, kraftlos lasse ich mich auf die Treppe sinken. Unzählige Gefühle stürmen auf mich ein. Neugierde auf das, was noch in der Zeitung steht. Eifersucht auf dieses Mädchen, sie, die so ganz ungeniert dasteht. Und er? Wie hat er dieses Mädchen angesehen, was hat er dabei gedacht und empfunden? Ich fühle mich betrogen, zurückgewiesen. Schon lange sehne ich mich nach einem anerkennenden Wort und einem ehrlich gemeinten Kompliment. Zorn und Mutlosigkeit überwältigen mich. Ich will nur noch weg. Ich fühle mich, als sei ich gar nicht mehr da, als löse ich mich auf."

An anderer Stelle schreibt sie: „Sobald er das Haus verlassen hat, renne ich zum Fernseher. Ja, es liegt ein Videoband drin. Mit zitternden Händen schalte ich an und drücke den Abspielknopf. Platter, schmutziger Sex. ... Der heftigste Zorn, den ich jemals erlebt habe, bricht mit unhaltbarer Gewalt aus mir heraus. Ich packe den Videorekorder und schmeiße ihn mit Wucht auf den Fußboden des Wohnzimmers. ... In mir sind nur noch Verwirrung und Wut. Ich fühle mich schmutzig, weggeworfen, wie eine Hure."

Ilona Jacobs beschreibt Gefühle, die ich immer wieder von Frauen gelesen habe. Es ist der Schock über ihren Partner, es ist die Eifersucht auf die vermeintlich attraktiveren Darstellerinnen und es endet oft in einem tiefen Gefühl von Selbstzweifel und Selbsthass.

In anderen Berichten von Frauen, die durch „Pornos betrogen" wurden, findet man ähnliche Begriffe: „große Hilflosigkeit", „Einsamkeit", „Ohnmacht", „Zerrissenheit", „meine Schuld!?", „mein Selbstwertgefühl ist ruiniert", „ich breche unter der Last zusammen", „Traurigkeit".

Ich liste das alles nicht auf, damit Männer sich schlecht fühlen, sondern damit alle Partnerinnen spüren: Deine Gefühle sind okay. Du bist nicht unnormal, wenn dich der Pornokonsum deines Partners verstört und verletzt.

SECHS PERSÖNLICHE AUSSAGEN FÜR BETROGENE FRAUEN

Ich habe meine Frau durch meinen Pornokonsum irritiert und verletzt. Mit einem gewissen Abstand möchte ich folgende sechs Aussagen machen:

1. Es ist nicht deine Schuld!
Auch ich habe damals diesen Satz gesagt: „Schatz, das hat doch nichts mit dir zu tun." Männer können in ihrem Kopf erstaunlich gut zwischen Sex und Beziehung trennen. Deswegen denken wir wirklich, dass Pornosschauen und der Umgang mit unserer Partnerin zwei verschiedene Sachen sind. Dass Pornosschauen die Partnerschaft beeinflusst, habe ich in den letzten Kapiteln immer wieder beschrieben. Dennoch kann es dir vielleicht helfen zu verstehen, dass dein Partner dir wirklich nicht wehtun wollte und es nicht an dir liegt.

Pornos zu konsumieren und so sein Herz zu füllen ist immer die Entscheidung des Partners. Dein Aussehen, zu wenig Sex in der Beziehung oder mangelnde Abwechslung im Bett dürfen nie eine Ausrede für Pornokonsum sein. Jeder Konsument muss selbst die Verantwortung für sein Handeln übernehmen. Es ist „erst mal" nicht deine Schuld, dass er Pornos schaut.

2. Du bist nicht allein!

Immer wieder beschreiben Frauen ihre Einsamkeit mit dem Thema. Viele schämen sich, mit Freunden oder Seelsorgern darüber zu reden. Hier ist es deine Verantwortung, mutig darüber ins Gespräch zu kommen. Auch Online-Foren, Bücher (siehe Literaturtipps) oder Selbsthilfegruppen können dir dabei helfen. Das Problem haben viel mehr Menschen, als du denkst. Der Pornokonsum und der Vertrauensbruch deines Partners können sehr schmerzhaft sein, such dir Hilfe. Und da Seelsorger und Freunde nicht immer zur Seite stehen, kann ein Gespräch mit Gott oft heilsam sein.

3. Schau auf deine Reaktionen auf den Pornokonsum des Partners und deine Einstellung zu Sex!

Ich stehe zur 1. Aussage, dass du nicht für den Umgang deines Partners mit seiner Lust verantwortlich bist. Aber du bist mit verantwortlich, dass ihr über Bedürfnisse (auch sexuelle) in eurer Beziehung redet. Das heißt, es kann sein, dass ihr über die in Kapitel 6 beschriebenen Bedürfnisse reden müsst und dass du auch deine Einstellung zu Sexualität prüfst und überdenkst. Konkret heißt das: Wenn eine Frau nur einmal im Monat mit ihrem Mann schlafen will, dann hat er nicht das Recht, sich Pornos anzuschauen. Aber dann musst auch du dir die Frage stellen, wieso eure Vorstellungen von der Häufigkeit von Sex so unterschiedlich sind (erfahrungsgemäß will der Mann gerne öfters). Genauso, wie der Mann prüfen muss, wie er seine Sehnsüchte und seine Leere ausfüllt, so musst auch du dir die Frage nach deinen unerfüllten Sehnsüchten stellen. Hier ist es so unglaublich wichtig, miteinander zu reden und Bedürfnisse zu formulieren.

Du bist auch als Partnerin dafür verantwortlich, wie du mit deiner Wut und Verletzung umgehst. Selbst Pornos zu konsumieren, sich einem anderen Kerl in die Arme zu schmeißen oder nun euer ganzes Geld als Strafe beim Shoppen zu investieren, wäre vielleicht eine verständliche Reaktion, aber sie wäre falsch. Wer verletzt wird, will verletzen. Aber wir alle wissen, besser wird dadurch nichts.

4. Sei streng mit mir!

Das Schlimmste, was meine Frau hätte machen können, als sie erfahren hat, dass ich Pornos konsumiere, wäre zu sagen: „Ach, ist mir egal. Mach doch, was du willst." Mit dieser Aussage hätte ich nie aufgehört, Pornos zu konsumieren, und ich wäre heute vielleicht pornosüchtig. Wir brauchen es, dass uns unsere Partnerin kräftig schüttelt, damit wir kapieren, was wir tun. Ich brauche es noch heute, dass meine Frau nachfragt, meine Filtersoftware checkt und mir klar macht, dass sie von mir erwartet, dass ich „sauber" bleibe. Auch ernst gemeinte Drohungen, den Partner zu verlassen, wenn er sich nicht ändert und Hilfe sucht, finde ich legitim und können helfen.

5. Vergib mir!

Strenge kann helfen, wirklich heilen kann allerdings nur Liebe und Vergebung. Ich weiß, dass das vielleicht eine große Anforderung ist, zu sagen: „Ich vergebe dir." Und ganz sicher braucht so etwas Zeit. Aber wenn ich keine neue Chance bekommen und mich meiner Frau gegenüber immer weiter schuldig gefühlt hätte, wäre ich nie zu einem besseren Selbstwertgefühl gekommen, und unsere Ehe würde nicht auf Augenhöhe stattfinden. Vergeben heißt nicht automatisch vergessen, aber es heißt Gnade walten lassen. Auch wenn Strafe angemessen wäre, vergibst du aus Liebe. Das lässt kein noch so hartes Männerherz kalt, das zeigt mir, wie sehr ich geliebt werde.

6. Du bist wertvoll!

Das ist für mich eine sehr zentrale Botschaft dieses Buches: Sei dir selbst etwas wert.
Du bist zu viel wert, um dich dauernd mit anderen Frauen zu vergleichen!
Du bist zu viel wert, um von deinem Partner hintergangen zu werden!
Du bist zu viel wert, um dich nur von der Wertschätzung deines Partners abhängig zu machen!
Du bist zu viel wert, um nur Sexualpartnerin und nicht auch geliebte Frau zu sein!
Du bist zu viel wert, weil Gott dich wertvoll gemacht hat!

TUT ER ES ODER TUT ER ES NICHT?

Die letzten Zeilen habe ich vor allem für Frauen geschrieben, die wissen, dass ihr Partner Pornos schaut. Aber vielleicht fragst du, was ist, wenn ich darüber noch nie mit meinem Partner gesprochen habe? Die Wahrscheinlichkeit ist statistisch hoch, dass auch er bzw. sie Pornos gesehen hat. Wie geht man nun damit um?

Für diese Fragestellung sollten zwei Grundvoraussetzungen gelten. Diese können übrigens auch für Eltern in Bezug auf den Umgang mit ihren Teens hilfreich sein.

Ähnlich wie bei Gericht ist zunächst einmal davon auszugehen, dass dein Partner unschuldig ist. Solange kein Geständnis abgelegt wurde oder du keine Beweise hast, solltest du ihn auch nicht verurteilen. Es gibt schließlich auch Männer, die mit Pornos keine Probleme haben oder vielleicht nur ein- oder zweimal damit zu tun hatten.

Die andere Grundvoraussetzung hängt mit deinem Bild von deinem Partner zusammen. Glaubst du, dass dein Partner ein Heiliger ist? Ich dachte das bei meiner Frau ziemlich lange. Sie sieht ja auch wirklich unschuldig aus, fast wie ein Engel. Aber wenn du wüsstest, was sie so alles auf dem Kerbholz hat. ☺ Nein, meine Frau ist wirklich anständig, aber sie ist kein Engel und hat – wie ich und du – ihre dunklen und erschreckenden Seiten. Sie gehören zu uns dazu. Und wenn ich mich auf das Abenteuer Liebe einlasse, dann bekomme ich nicht nur das süße Lächeln, den schönen Körper und die liebevolle Art, sondern auch ihre Ängste, Probleme und Macken. Das ist nicht gerade ein schöner Gedanke, aber er hilft sehr.

DIE STUNDE DER WAHRHEIT

Magst du Krimis? Wie würde ein Tatort-Kommissar mit einem Pornoverdächtigen umgehen?

„Kommissar Schimmelanski hatte alles vorbereitet. Der Durchsuchungsbefehl war von der Oberstaatsanwältin unterschrieben, und die Computerexperten vom BKA warteten bereits im Auto vor der Tür auf Anweisungen. Der polizeiliche Schlüsseldienst öffnete lautlos die Wohnungstür. Leise schlichen sich die fünf Streifenpolizisten in die Wohnung und begannen mit ihrer Arbeit. Jede Schublade wurde geöffnet, jedes Buch durchblättert. Überall konnte sich verdächtiges pornografisches Material befinden. Die BKA-Experten machten sich am Rechner zu schaffen. Trojaner wurden aufgespielt und Mini-Kameras installiert. Es musste doch etwas zu finden sein. Oder hatte er die Spuren so gut verwischt? Kommissar Schimmelanski kaute auf seinen Fingernägeln herum. Schon seit einer Stunde stellten sie nun die Wohnung auf den Kopf, aber Hinweise gab es bislang nicht. Er fluchte leise. Dann würde er ihn doch befragen müssen. Zwei Beamte in Zivil fingen den Verdächtigen vor seiner Haustür ab und fuhren mit ihm direkt ins Präsidium. Schimmelanski hatte den kalten Raum für das Verhör vorbereitet. Nur eine 100-Watt-Lampe brannte hell auf das Gesicht des Verdächtigen. Der Kommissar und sein Kollege standen hinter der Lampe und konfrontierten den Verdächtigen mit Vorwürfen und trickreichen Fragen: ‚Sie haben doch auf solchen Seiten gesurft, oder?' ‚Packen Sie lieber aus, bevor es Ihre ganze Schule weiß.' Dem Verdächtigen lief der Schweiß über die Stirn. Geblendet vom hellen Schein der Lampe, saß er verängstigt auf dem Stuhl."

Ich will hier nichts über die soziale Kompetenz von Kommissaren sagen, aber so solltest du das Thema besser nicht angehen. Mach dir bewusst, dass dieses Gespräch für deinen Partner sehr heikel und persönlich werden kann. Ich möchte dich ermutigen, das Thema anzusprechen und dir gleichzeitig ein paar Tipps mit auf den Weg geben. Für das Gespräch spielt auch die Intensität der Partnerschaft eine Rolle. In einer Ehe kann und sollte offener und intensiver gesprochen und gefragt werden, als wenn man erst ein paar Wochen zusammen ist.

Ein paar Basics:

- Such vor dem Gespräch nicht krampfhaft nach Beweisen. Die Privatsphäre deines Partners muss geachtet werden. Du hast kein Recht, in seinen privaten Sachen zu wühlen.
- Schaff eine angenehme Atmosphäre. Plan genug Zeit für das Gespräch ein.
- Beginn, von dir und deinen Gedanken, Erfahrungen und Ängsten zu sprechen. Vielleicht gibt es ja auch etwas, das du zugeben solltest?
- Teil dein Bedürfnis mit, über dieses Thema zu reden.
- Gesteh deinem Partner zu, dass er Zeit braucht, um darüber zu reden, und dass er dir vielleicht erst mal nur einen Teil der Wahrheit sagen kann oder sagen will.
- Vielleicht hilft es, dieses Buch als Gesprächseinstieg zu wählen. Es ist allerdings keine gute Idee, ihm einfach das Buch in die Hand zu drücken und dann nie wieder darüber zu reden. Dieses Buch allein hilft nicht.

• Hör aktiv zu und versuch ihn zu verstehen.

Wenn bei dem Gespräch rauskommt, dass dein Partner Pornos konsumiert, dann bitte ihn, damit aufzuhören und sich Hilfe zu suchen. Nenn ihm eine Webseite oder ein Buch zu dem Thema. Wenn du es kannst, zeig deinem Partner, dass du zu ihm stehst und ihm helfen willst. Im ersten Moment und auch danach noch wird es schmerzhaft sein, die Wahrheit zu akzeptieren und damit umzugehen. Offenheit und Ehrlichkeit machen nicht immer Spaß, aber sie sind heilsam und wichtig.

Und wenn das Gespräch danebengeht oder er nicht aufhören will?
Zugegeben, es kann sein, dass Mann auf so ein Gespräch sehr emotional reagiert. Er fühlt sich ertappt, steht als Verlierer da und hat Angst, sein Gesicht zu verlieren. Aus diesen Gefühlen heraus kann es sein, dass er den Pornokonsum leugnet, einen Wutausbruch bekommt oder dir als Partnerin sogar die Schuld daran gibt. Das kann unangenehm werden. Wichtig finde ich, dass du ihm Zeit gibst. Männer müssen oft erst ihre Gefühle überdenken, bevor sie sie äußern können. Eine Chance kann auch sein, dass du ihm einen Brief schreibst und ihn bittest, dir auch per Brief zu antworten. Dies kann ein guter Einstieg in die Kommunikation zu dem Thema sein.[96]
Wirklich schwierig wird es dann, wenn der Partner das Gespräch auf Dauer verweigert oder nicht bereit

---

[96] Insgesamt mehr zum Thema Pornokonsum des Ehepartners oder einen solchen Brief einer Frau findet man in dem Buch „Mein Weg zur Heilung" von Mike Genung. Nur zu beziehen über www.nacktetatsachen.at

ist, aufzuhören oder Hilfe zu suchen. Hier kann ich dir nur raten, das Gespräch mit erfahrenen Beratern zu suchen. Eine Trennung auf Zeit kann in so einer Phase wie ein Wecksignal für den Mann sein. Und vergiss nicht: Sei dir selbst etwas wert!

EXKURS: FRAUEN FLÜCHTEN ANDERS

Eigentlich bräuchte es zu diesem Thema ein eigenes Buch. Dafür bin ich aber sicher nicht der richtige Autor. Trotzdem will ich das Thema kurz anschneiden.

Auch wenn das Konsumieren von pornografischen Bildern und Videos noch deutlich öfter Männersache ist, so flüchten sich auch Frauen in andere Welten oder in sexuelle Fantasien. Auch Frauen sehen sich Pornos an und können pornosüchtig werden. Die meisten Gedanken und besonders die Schritte in Kapitel 8 können auch betroffenen Frauen helfen. Die Hürde, über das Thema zu sprechen, ist für Frauen oft noch größer. Aber die Scham muss überwunden werden, damit Heilung geschehen kann und Freiheit erlangt wird. Andere Fluchtorte von Frauen sind z.B. Liebesromane, Filme oder romantische Geschichten im Internet. Der Sexualwissenschaftler Bartholomäus schreibt:

„Die Groschenromane bieten statt der Pornografie der Genitalien eine Pornografie der Sentimentalität. Die Produkte dieser Pornografie werden nicht als obszön anerkannt. Sie erscheinen deswegen ungehindert und können öffentlich, ohne Peinlichkeitsgefühle konsumiert werden. In der männ-

lichen Pornografie überlagert die Obszönität den Kitsch; hier überlagert der Kitsch die Obszönität.[97]

Aus den Anforderungen des Alltags und der Kühle ihres Partners flüchten sich Frauen in Geschichten, in denen es noch echte Liebe und echte Liebhaber gibt. Auch hier klafft der Graben zwischen dem Gelesenen und der Realität, der auf Dauer zur Unzufriedenheit führt, weit auseinander. Und auch in Bezug auf diese zwei Fluchtarten kann die Frage nach den tiefen Sehnsüchten und Bedürfnissen dabei helfen, in der Realität zu leben und zufriedener zu werden.

Eine besondere Gefahr für Mädchen und junge Frauen findet sich im Internet. In Chats oder in virtuellen Welten (Second Life) tummeln sich immer mehr Frauen. Dabei verstecken sie sich oft hinter falschen Fotos oder bauen sich in einem Online-Game sexy Körper zusammen. In Chats suchen sie nach romantischen Gesprächen und Flirtpartnern. Gefährlich wird es besonders, wenn Minderjährige in diesen Chats angesprochen werden. Ob hinter Jessica_15 nicht der pädophile Bernd_45 steckt, kann niemand mit Sicherheit sagen.

Was andernfalls passiert, wenn sich Eva, die in ihrem Liebesroman gerade etwas über den romantischen Liebhaber gelesen hat, und Andi, der gerade einen Porno gesehen hat, im echten Leben treffen, kann man sich vorstellen. Es treffen zwei Erwartungen und Bedürfnisse aufeinander, die überhaupt nicht zu vereinen sind.

Mehr Hilfen und Buchtipps findest du hinten im Anhang.

---

[97] Bartholomäus, S. 165

FÜR ELTERN

„Was die Befunde der Pro Familia Studie deutlich machen, ist, dass sexuelle und pornografische Inhalte im Internet in großem Umfang von Kindern und Jugendlichen konsumiert werden. Sie treffen auf diese Inhalte eher selten per Zufall, sondern sie suchen sie schwerpunktmäßig aktiv auf und nutzen dabei neben Suchmaschinen vor allem Tipps aus ihrem Freundeskreis."[98]

Wenn ich mit Eltern über das Thema Pornografie spreche, begegnen mir viele besorgte Fragen. Auf einige habe ich versucht, Antworten zu finden.

Mein kleiner Karl würde sich so etwas nie anschauen, oder?
Doch, das wird er vermutlich oder er hat es schon. Viele Eltern verdrängen zwei erstaunliche und überraschende Punkte: 1. Der kleine Karl hat einen Sexualtrieb und interessiert sich früher, als die meisten Eltern wollen, nicht mehr nur für Playmobil, sondern eher für den Playboy. Und 2. Karl hat heutzutage vermutlich mehr Ahnung von Computern, Handys und Internet als Mama und Papa zusammen. Ich will keine Panik machen, aber immer häufiger tauschen Jungs in der Schule keine Panini-Fußballbilder mehr, sondern schicken sich Porno-Clips von Handy zu Handy. Coco, 13 Jahre alt, sagt: „Jetzt sind Pornos in der Schule etwas ganz Alltägliches."[99] Auch im Internet sind Pornoseiten über Suchmaschinen leicht zu finden, und in Chats wird über Sachen geredet, die der kleine Karl besser noch nicht wissen

98 Altstötter-Gleich, 2006 S. 45
99 Zeit Wissen S. 15

sollte. Verdrängen Sie dieses Thema nicht, sondern informieren Sie sich.

Ist es bei Jugendlichen nicht normal, dass sie in der Pubertät ihre Sexualität entdecken? Da interessiert sich doch jeder mal für solche Bilder?
Ja, an sich ist es völlig normal, dass diese Themen in der Pubertät interessant werden. Das Interesse ist okay und ein versteckter Versandhauskatalog mit Unterwäsche sollte nicht gleich für einen Aufstand der Eltern sorgen. Das Problem ist, dass es heute nicht bei dem einmaligen Blick in den Unterwäscheprospekt bleibt. Gerade deswegen sollte das Thema zur Aufklärung dazugehören. Welches Bild von Sexualität wollen Sie Ihren Kindern vermitteln? Und leider selbst dann, wenn wir das Gespräch suchen und gewisse Schutzmaßnahmen ergreifen: Pornos ansehen werden die Kinder irgendwann. Die Fragen lauten dann: Wie früh und wie oft sehen sie Pornos? Was sehen sie? Und sind sie darauf vorbereitet?

Wie erkenne ich, ob mein Kind Pornos besitzt oder schaut?
Am besten finde ich, das Thema einfach anzusprechen. Wenn man in den Schubladen der Kids oder auf dem PC ungefragt rumschnüffelt, dann muss ein Vertrauensverlust in Kauf genommen werden.

Einige Indizien dafür, dass Ihr Kind in dem Bereich aktiv ist:[100]
- Es verbringt sehr viel Zeit im Internet, auch und gerade dann, wenn keiner da ist oder alle anderen bereits schlafen.

---

[100] vieles übernommen von www.loveismore.de

- Es verheimlicht, was es im Internet macht oder auf dem Handy hat.
- Es zieht sich aus sozialen Kontakten zurück, hat depressive Züge oder die Noten werden deutlich schlechter.
- Der Verlauf des Internet-Programms ist regelmäßig gelöscht.
- Es versteckt CDs oder DVDs oder tauscht solche häufig mit Freunden.
- Fremde Leute rufen an oder schicken Post an Ihr Kind.
- Die Sprache wird vulgärer oder abwertend dem anderen Geschlecht gegenüber.

Sollte ich das Thema ansprechen? Und wenn ja, wie mache ich das am besten?
Ja! Auch wenn das natürlich für beide Seiten unangenehm ist, muss dieses Thema besprochen werden, egal ob Indizien für Pornokonsum vorliegen oder nicht. Leichter wird das Ganze, wenn in der Familie bereits eine Vertrautheit und Offenheit vorhanden ist. Ideal ist, wenn über das Thema Sexualität schon von Kindheit an gesprochen wurde.

Am besten sollte der Elternteil das Gespräch führen, der den besseren Draht zu dem Jugendlichen hat. Idealerweise ist das für den Jungen der Vater und für die Tochter die Mutter. Wenn das Gespräch mit beiden Elternteilen geführt wird, sollte darauf geachtet werden, dass der Jugendliche nicht von zwei Seiten „bedrängt" wird.

Reden Sie offen von dem, was Sie hier gelesen haben und berichten Sie von Ihren Fragen. Geben Sie Ihrem Kind die Möglichkeit, allgemein zu erzählen (z.B. wie das in der Schule so ist), bevor Sie konkret nachfragen. Bleiben Sie locker und liebevoll. Wenn Ihr Kind nicht reden will, dann erzählen Sie einfach, was Sie über Pornos denken.

Vielleicht ist Ihr Kind gerade in einer totalen Trotz- und Rebellionsphase oder Sie haben kein gutes Verhältnis in der Familie. Dann überlegen Sie, ob es Verwandte, gute Freunde, Paten oder Jugendleiter gibt, die ein erstes Gespräch führen können.

Was mache ich, wenn im Gespräch rauskommt, dass mein Kind pornografisches Material konsumiert?
Anders als beim Partner empfehle ich, ruhig zu bleiben und Emotionen wie Wut und Trauer eher zu unterdrücken. Die eigene Position zu Pornos soll natürlich dargestellt werden, aber emotionale Ausbrüche können das Schuldgefühl des Kindes ungesund verstärken. Reden Sie mit Ihrem Kind über negative Folgen des Pornokonsums, über das Leiden der Darsteller oder die möglichen Auswirkungen auf die Sexualität mit einer realen Partnerin. In diesem Buch finden Sie sicher einige Argumente. Fragen Sie, wieso Ihr Kind Pornos schaut. Machen Sie deutlich, dass es Ihnen um das Wohl des Kindes geht und nicht um moralische Regeln. Besprechen Sie weitere Schritte und versprechen Sie, das Ganze für sich zu behalten. Begründen Sie, warum in Ihrem Haus keine Pornos geschaut werden sollen. Bieten Sie weitere Gespräche an. Versichern Sie Ihrem Kind, dass Sie es lieb haben, egal ob es Pornos schaut oder nicht.

Was kann ich noch machen, um mein Kind zu schützen?

1. Schauen Sie, dass der Jugendliche in guten sozialen Kontakten lebt, Sport macht, einem Verein oder einer christlichen Gruppe angehört, genug an der frischen Luft ist, sich für andere engagiert, genügend Freiräume hat.

2. Ich finde nicht, dass ein PC oder ein Fernseher ins Kinderzimmer gehören. Ein öffentlicher Ort ist für beides sinnvoll.

3. Die in Kapitel 8 beschriebenen Internetfilter installieren und nutzen – am besten nach Absprache mit dem Jugendlichen.

4. Beschränken Sie Fernseh- und Internetzeit auf ein sinnvolles Maß.

5. Reden Sie mit Lehrern oder Jugendgruppenleitern, wie das Thema allgemein von Ihnen angesprochen werden kann. (Bewahren Sie aber die versprochene Schweigepflicht.)

6. Reden Sie mit den Eltern der Freunde des Kindes, bei denen es öfter zu Besuch ist, über gemeinsame Absprachen zu dem Thema.

7. Geben Sie Ihrem Kind Zugang zu warnenden Informationen wie Bücher, Internetseiten oder Flyer zu dem Thema.

Bei allem dürfen Sie nicht vergessen: Sie werden Ihr Kind nicht 100-prozentig beschützen können und müssen das auch nicht.

Wie erkenne ich, ob mein Kind süchtig ist und professionelle Hilfe braucht?

Das kann schwer zu erkennen sein. Bei suchtartigem Verhalten wird sich der Jugendliche aus dem normalen Leben zurückziehen. Soziale Kontakte, Schule, Familie, Schlaf werden stark vernachlässigt. Bei dem Verdacht ist es gut, mit anderen Familienmitgliedern oder Freunden über das Verhalten des Jugendlichen zu sprechen. Lesen Sie dazu auch den Exkurs (Internet)-Sex-Sucht in diesem Buch (S. 136). Links zu professionellen Angeboten finden sich hinten im Buch.

Welche Rolle spielt die Sexualität der Eltern bei dem Thema?

Sie als Eltern sind die großen Vorbilder für Ihre Kinder. Auch wenn sie sich in der Pubertät von Ihnen distanzieren, so beobachten sie weiterhin ganz genau. Lernen Ihre Kinder von Ihnen, dass Zärtlichkeit und Berührungen zu einer guten Beziehung dazugehören? Ist Sex nie oder andauernd ein Thema in der Familie? Wie wird mit Nacktheit umgegangen? Gibt es in der Familie eine offene – vielleicht sogar humorvolle – Stimmung, um über das Thema zu reden?

Nach wie vor erfolgt für viele Jugendliche der Einstieg in die Pornowelt durch gefundenes Pornomaterial beim Vater oder älteren Geschwistern. Andererseits ist der Vater ein guter Ansprechpartner, um mit dem Sohn über sexuelle Lust und den Umgang mit Frauen zu sprechen.

Fazit: Sie werden Ihren Partner und Ihr Kind nicht ewig schützen oder alleine heilen können. Aber Sie haben eine wichtige Rolle bei dem Umgang mit dem Thema. Es muss enttabuisiert werden. Wir müssen anfangen, darüber zu sprechen. Wir dürfen uns von Betroffenen nicht angewidert abkehren, sondern müssen mit ihnen auf dem Weg sein. Ich habe viele Partnerinnen und Eltern erlebt, denen der Glaube an Gott und die tröstenden Gebete in ihrer Verzweiflung eine echte Hilfe waren.

Exkurs:
Hilfen für Jugendleiter und Seelsorger

Von 20 befragten Jugendgruppen wurde das Thema Pornografie in einer einzigen besprochen.[101] Ich habe noch nie – außer von mir selbst – eine Predigt zu dem Thema gehört. So fragte ich in einem Seminar, wer denn schon mal eine Predigt dazu gehört habe; von 80 Teilnehmern meldete sich einer.

Das Thema bleibt in der Gesellschaft und auch in christlichen Gemeinden in der Tabuzone. Wie viele von uns führen ein Doppelleben? Zeigt uns nicht gerade die Bibel, dass ethische Themen angesprochen werden müssen? Paulus zum Beispiel sprach klar über Unzucht, Kinderschänder und Prostitution.

Ich stelle mal eine These auf: Das Thema Pornos kommt so selten in unseren Jugendgruppen und auf unseren Kanzeln vor, weil so viele Jugendleiter und Pastoren selbst betroffen sind und noch keine Lösungen gefunden haben.

Wenn diese These stimmt, dann ist es schon erschreckend, dass so viele Leiter damit kämpfen. Aber noch viel schlimmer ist, dass so wenige den Raum oder den Mut haben, darüber zu sprechen. Dabei geht es sicher nicht darum, alle Details zu offenbaren (das will ich wirklich nicht wissen). Aber was ist denn so dramatisch daran, über Probleme in dem Bereich zu sprechen? Ja, genau, du könntest dein Image und dein Gesicht verlieren. Und du könntest ein neues Image gewinnen: nämlich als Leiter, der offen zu seinen Fehlern steht und seine Probleme

---

[101] Loveismore.de

zu Gott und in die Seelsorge bringt. Ich weiß, dass Menschen aus meiner Umgebung über einige persönliche Berichte in diesem Buch erschrocken sein werden. Aber bei meinen Seminaren und Predigten zu dem Thema habe ich noch nie einen Menschen erlebt, der sich von mir abgewendet hat oder mich danach gemieden hat. Vielmehr haben Leute Respekt gehabt vor der Ehrlichkeit. Nein, es macht auch mir keinen Spaß, aller Welt meine Niederlagen und Sehnsüchte zu beschreiben. Aber ich weiß, dass es Leuten hilft. Ein Pastor, der seinen Pornokonsum zitternd vor seiner Gemeinde bekannt hat, schreibt: „Die Reaktion der Gemeinde war sehr positiv. Ich spürte keine Ablehnung, sondern tiefe Annahme. Diesen Sonntag werde ich nie vergessen. Es war der Tag meiner größten Demütigung und der Tag des größten Sieges. Jesus hat mich an dem Tag aus dem Gefängnis der Unzucht befreit."[102]

IN JUGENDGRUPPEN

Gute Erfahrung habe ich bei Jugendlichen damit gemacht, die Gruppen nach Geschlechtern zu trennen. Zum einen, weil das Thema Pornos Jungs mehr beschäftig (bei Mädels sind es eher Chats oder das Thema Pornostars als Schönheits-Vorbilder), und andererseits, weil man dann offener reden kann.

Beim Thema Offenheit muss der Jugendleiter je nach Gruppe entscheiden, wie offen er reden kann, ohne Jugendliche dazu zu motivieren, selbst nachzuschauen. Niemals sollten die Namen von Internetseiten genannt werden oder genau berichtet

---

[102] Piehler, Geiler Bock ... S. 18

werden, wie man an Pornos herankommt. Gerade wenn für den Jugendleiter das Thema noch sehr akut ist, kann es sinnvoll sein, sich externe Redner einzuladen.

Mögliche Bausteine für eine Gruppenstunde:

- Erfahrungsbericht des Leiters oder eines anderen Mannes zu dem Thema. (Keine Details)
- Video von Shelly Lubben oder andere Erfahrungsberichte. www.nacktetatsachen.at
- Die acht Schritte aus Kapitel 8 für Jugendliche zusammenfassen.
- Eckenumfrage. Auf einer Seite des Raumes hängt man ein „Ja" Schild auf, auf der anderen Seite „Nein". Dann stellt man Fragen und die Jugendlichen müssen sich im Raum positionieren. Mögliche Fragen: „Hast du schon mal einen Porno gesehen?" „Kann man beim Pornosschauen lernen, wie Sex geht?" „Findest du Pornos eklig?" „Verletzt Pornokonsum Frauen?" „Kann man süchtig nach Pornos werden?" „Finden Mädchen Jungs, die Pornos gucken, cool?"

Je nach Situation kann man gleich auf die Antworten eingehen, Rückfragen stellen oder sich selbst positionieren und seine Meinung begründen.

- Fragen oder Kleingruppen zur Auswirkung von Pornografie. Plakat mit der Frage: „Wie beeinflusst Pornografie ..." und dann Unterbereiche eintragen: „Sexualität", „Partnerschaft", „unser Frauenbild", „die Frauen", „uns Männer". Nun kann man je nach Gruppengröße das Plakat gemeinsam füllen oder in Kleingruppen für einzelne Unterbereiche Punkte sammeln.[103]

- Powerpoint: „Warum Gott (vermutlich) gegen Pornos ist"[104]
- Am Ende ein Gesprächsangebot machen und mögliche Ansprechpartner benennen.

DIE DREI OHREN DES SEELSORGERS

Kennen Sie einen Menschen mit drei Ohren?

Ich auch nicht, aber ich stelle mir das Bild lustig vor – so ein drittes Ohr mitten auf dem Kopf. Als Seelsorger versuche ich im übertragenen Sinne drei Ohren zu haben:

1. Ein Ohr, mit dem ich ganz dem Ratsuchenden lausche.
2. Ein Ohr, mit dem ich versuche, Gott zu hören: Was würde der wohl dazu sagen?

---

[103] Idee aus der Diplomarbeit von Stefan Ziegler

[104] weil er Sexualität in einem intimen und respektvollem Schutzrahmen zwischen zwei Partnern gedacht hat.

- Weil Jesus sagt: *„Wer eine Frau ansieht sie zu begehren, der hat schon die Ehe gebrochen in seinem Herzen. Wenn dich aber dein rechtes Auge zum Abfall verführt, so reiß es aus und wirf´s von dir."* Mt 5,28f
- Weil Pornografie meist im Geheimen passiert und Jesus das Licht ist und will, dass wir im Licht leben. (Eph 5,8+14; 1. Kor 14,24; Joh 3,20; Lk 8,17)
- Weil es viele Menschen bindet und Gott uns frei machen will (2. Kor 3,17, Gal 5,1)
- Weil Gott uns einen Willen gegeben hat, der „Unzucht" zu widerstehen (Jak 1,12)
- Weil Jesus und die Bibel die Frau ehrt und respektiert (1. Thess 4,3-4)

3. Und ein Ohr, das in mich selbst hineinhört: Wie reagiere ich auf das Gesagte?

Das erste Ohr ist scheinbar für die einfachste Aufgabe da, das Zuhören. Aber ich habe immer wieder erlebt, dass mir als Seelsorger das Zuhören sehr schwerfällt. Denn natürlich kenne ich das Problem schon und weiß eigentlich auch schon alle Antworten vor dem Gespräch. Ich erwische mich oft, dass ich so denke. Die Praxis sieht anders aus. Jeder Mensch hat eine eigene Geschichte und eigene Probleme. Meine pauschalen Ratschläge werden dann ganz schnell zu Schlägen. Ich will den anderen wirklich verstehen. Ich will nachfragen und auch mal schweigen können. Schon oft haben allein die Fragen meines Seelsorgers viel bei mir bewegt.

Das zweite Ohr ist da, um auf Gott zu hören. Auf Gott hören: Das klingt für viele abgefahren. Aber da ich glaube, dass es Gott gibt, glaube ich auch an sein Wirken und Reden. Das tut er bei mir nicht durch eine Stimme (schade eigentlich), sondern eher durch gute Gedanken. „Stell doch mal diese Frage" oder „Halt die Stille ruhig mal aus" oder „In der Bibel steht doch das und das". So kommen mir Einfälle während seelsorgerlichen Gesprächen. Ganz überrascht war ich bei einem Gespräch mit meinem Seelsorger, als dieser sagte: „Jetzt hab ich auch keinen passenden Gedanken mehr, lass uns doch mal still werden und Jesus fragen." Wieso eigentlich nicht?

Das dritte Ohr hört in mich selbst hinein. Gerade bei Themen zur Sexualität ist dies besonders wichtig. Das, was der Ratsuchende erzählt, löst Gefühle in mir aus. Das kann zum Beispiel Ekel sein, übertriebene Neugierde oder sogar sexuelle Erregung. Alle Gefühle darf ich haben, die Frage ist: Wie gehe ich damit um. Das Wichtigste ist, sie wahrzunehmen und zu überlegen, wie ich reagiere. Seinen Ekel zu zeigen, kann für den Ratsuchenden heilsam sein, weil er wachgerüttelt wird, dass da etwas mit ihm nicht stimmt, oder es kann ihn zutiefst verunsichern. Wenn man eine innere Neugierde spürt, dann gilt es sich zu zügeln und bewusst keine Frage mehr zu stellen. Genauso wie bei der sexuellen Erregung ist es immer möglich, das Gespräch zu unterbrechen oder eine Stille einzulegen. Auch kann man die Bitte äußern, dass der Ratsuchende weniger detailliert berichten soll. Wichtig ist es aus den eigenen Emotionen heraus keine falschen Ratschläge zu geben („z.B. nenn mir mal diese Seiten" oder „lass uns die mal zusammen anschauen"). Wichtig ist für mich die Haltung geworden, dass der andere nicht mir das Problem erzählt, sondern Gott.

Zu deiner Entlastung: Oft höre ich in der Seelsorge auch nicht viel und schaffe es nicht, alle drei Ohren zu bedenken. Aber es geht ja nicht um eine Pflicht, sondern um eine Haltung. Übrigens ist das beste Training dafür, Seelsorger zu sein, dass man selbst in Seelsorge geht.

Praktische Schritte in der Seelsorge mit Pornokonsumenten

Die folgenden Schritte sind Anregungen und sind weder in dieser Reihenfolge noch alle auf einmal anzuwenden.

- *Einfach reden lassen,* nicken, Taschentuch reichen. Das klingt einfach und ist es auch. Alleine das Darüber-Reden befreit viele Menschen ungemein. Viele schleppen dieses Geheimnis bereits Jahre mit sich herum, wenn sie in die Seelsorge kommen. Als ich das Thema zum ersten Mal besprochen habe, schämte ich mich so sehr, dass ich am liebsten wieder aus dem Raum gerannt wäre. Als ich es dann angesprochen hatte, fiel eine echte Last von mir ab.

- *Das Problem eingestehen.* Es ist zwar wichtig, dass der Seelsorger eine annehmende und liebevolle Haltung einnimmt, allerdings darf er Handlungen nicht schönreden, sondern muss das Problem und die damit verbundene Schuld klar herausarbeiten. Wenn der Ratsuchende sein Fehlverhalten nicht einsieht oder immer wieder verharmlost, wird es schwer sein, Veränderung zu bewirken oder weitere Gespräche zu führen.

- *Schuld bekennen.* Beim Wort „Beichte" denken viele an einen dunklen Beichtstuhl, einen dicken alten Priester und fünf Ave Marias, damit man danach wieder fröhlich weitersündigen kann. Schon in Kapitel 8 (S. 114ff.) habe ich werbend für die Beichte geschrieben. Das Ganze ist kein großer Akt. Ich mache dem Ratsuchenden einen Vorschlag für ein Gebet. Zum Beispiel: „Gott, ich bekenne dir, dass ich Pornos gesehen habe und dazu masturbiert habe. Bitte vergib mir. Und bitte nimm die Bilder (oder ein Bild, das mich verfolgt) aus meinem Kopf und mach mich frei." Wenn er dies gebetet hat, sage ich ihm im Auftrag Gottes die Vergebung seiner

Sünden zu und spreche ihn von den Bildern frei. Ich verbinde die Beichte immer mit einem persönlichen Segensgebet für den Ratsuchenden. Viele Menschen empfinden diese Momente als erleichternd und besonders. Oft sage ich danach auch, dass durch die Beichte die Schuld zwar weg ist, aber die Konsequenzen (z.B. ein unangenehmes Gespräch mit der Partnerin) bleiben.

- *Praktische Schritte überlegen und Entscheidungen treffen.* Zuhören und Beten hilft, und oft empfinden Menschen, dass sie anfangen heil zu werden. Aber Seelsorge muss – meiner Meinung nach – auch praktische Konsequenzen für den Alltag haben. Wenn jemand nicht bereit ist, erste praktische Schritte zu gehen und eine klare Entscheidung gegen sein Problem zu treffen, werde ich ihm klar sagen, dass unser Treffen ziemlich sinnlos war. Einige praktische Schritte habe ich in Kapitel 8 aufgezeigt. Hier sollte man den Ratsuchenden auf keinen Fall wegschicken und sich dann nie wieder darum kümmern. Ich biete zum Beispiel an, ein paar Tage später nachzufragen, z.B. ob die Pornosammlung wirklich gelöscht wurde oder ob das Gespräch mit der Freundin stattfand. Auch biete ich den Ratsuchenden Bücher, Filtersoftware und Links zu dem Thema an. Ebenso kann es sinnvoll sein, dass man ein Gespräch mit der Partnerin zusammen führt. Hier würde ich – wenn möglich – meine Frau mit einbeziehen und ein Vierergespräch führen. Übrigens: Das ist für alle Partnerschaftsprobleme eine super Idee.
- *Die Frage nach den Sehnsüchten.* Jetzt wird es

wirklich spannend. Wusstest du, dass von einem Eisberg nur ungefähr 10 Prozent sichtbar sind. Die anderen 90 Prozent sind unter der Wasseroberfläche. Viele der oben benannten Schritte beschäftigen sich mit den sichtbaren Fragen und Problemen. Ich stelle oft die Frage: „Was suchst du eigentlich, wenn du Pornos schaust?" „Welches positive Gefühl bringen dir Pornos?" „Wie könnte man dieses Gefühl noch hervorrufen?" Diese Fragen führen oft dazu, dass der Ratsuchende bereit sein muss, sein ganzes Leben anzuschauen. Auch kann es sein, dass man dabei auf Erfahrungen aus der Kindheit stößt. Hierfür wird es nicht ausreichen, nur ein Gespräch zu führen.

- *Orte und Zeiten des Konsums betrachten.* Eine Frage, die ich fast immer stelle, ist: „Wo und wann passiert es?" Hier entwickle ich mit dem Ratsuchenden zusammen Ideen, wie er solche Situationen meiden kann oder wie er damit umgehen könnte. Das können ganz einfache Rituale sein: kalt duschen oder joggen, wenn die Lust kommt, die Tür des Zimmers offen lassen, zu den Zeiten nicht mehr an den PC gehen, Freunde anrufen …

- *Der nächste Termin.* Wenn möglich mache ich mit dem Ratsuchenden gleich einen nächsten Termin aus oder suche mit ihm nach einem anderen Seelsorger. Bei mir hat es viele Jahre an Seelsorge gebraucht, bis ich pornofrei gelebt habe. Und ich kann nicht ausschließen, dass ich nicht wieder „rückfällig" werde. Deswegen ist seelsorgerliche Begleitung für mich bis heute ein Bestandteil meines Lebens. Alle 2-6 Monate habe ich einen Termin mit meinem Seelsorger.

DIE GRENZEN VON SEELSORGE

Nach einem Vortrag kam ein Mann mittleren Alters zu mir und wollte über das Thema reden. Ein paar Tage später sprachen wir miteinander. Er beschrieb, dass er seit Jahren von Pornofilmen abhängig ist. Mehrere Versuche alle Filme zu vernichten, waren erfolglos oder er kaufte sich kurz danach wieder neue Filme. Er meinte, es gäbe da ja so viele schöne und günstige. Nach einer Zeit des Gesprächs merkte ich, dass er weder bereit war, wirklich damit aufzuhören, noch mit Gott über diesen Bereich sprechen wollte (obwohl er Christ war). Auch merkte ich, dass ich es hier mit einer Form von Abhängigkeit zu tun hatte, die ich nicht kannte und bei der ich ratlos war. Ich verwies ihn an Selbsthilfegruppen und an professionelle Berater und Psychotherapeuten.

Jeder Seelsorger muss letztendlich selbst entscheiden, ob er einen Menschen begleiten kann. Aber gerade bei starken Suchterscheinungen (siehe Exkurs (Internet)Sex-Sucht S. 136) oder wenn z.B. die Ehe vor dem Aus steht, würde ich auf professionelle Hilfe verweisen. Auch kann es hilfreich sein, parallel zu einer Therapie einen Seelsorger zu haben. Dann sollte der Seelsorger aber Absprachen mit dem Therapeuten treffen.

Noch eine Ermutigung zum Schluss: Es ist ein tolles Gefühl, wenn man Leuten helfen kann, frei und heil zu werden. Wenn mir Menschen berichten, wie ihnen ein Vortrag oder ein Gespräch mit mir geholfen hat, bin ich oft ganz überrascht und sehr erfreut. Danach sage ich oft leise: „Gott sei Dank."

Quellen

Arterburn, Stephen/Stoecker, Fred: *Jeder Mann und die Versuchungen*. 2. Aufl., Holzgerlingen 2005

Earle, Ralph/Laaser, Mark: *Wenn Bilder süchtig machen*. Basel 2005

Eldredge, John: *Der ungezähmte Mann*. Gießen 2003

Roth, Kornelius: *Sexsucht*. 2. Aufl Berlin 2007

Faix, Tobias/Mayer, Ute: *Nur für Jungs*. Holzgerlingen 2008

Rohr, Richard: *Vom wilden Mann zum weisen Mann*. München 2006

Malessa, Andreas/Giesekus Ulrich: *Männer sind einfach*. 2. Aufl. Gießen 2008

Forssberg, Manne: *For Boys only*. Weinheim 2006

Jacobs, Ilona: *Ich war eine von vielen*. Marburg 2009

Genung, Mike: *Mein Weg zur Heilung*. Wien 2008

Deling, Wolf: *Der sexte Sinn*. Gießen 2004

Piehler, Thomas: *Geiler Bock oder Mann Gottes?* 3. Aufl. Solingen 2006

Büscher, Wolfgang/Siggelkow, Bernd: *Deutschlands sexuelle Tragödie*. Asslar 2008

Bly, Robert: *Eisenhans*. Hamburg 2005

Neutzling, Rainer/Schnack, Dieter: *Die Prinzenrolle*. Reinbeck 1995

Krakauer, Jon: *In die Wildnis*. 4. Aufl. 2008

Schirrmacher, Thomas: *Internetpornografie*. Holzgerlingen 2008

Beuster, Frank: *Die Jungenkatastrophe*. Reinbeck 2006

Neudecker, Sigrid: *Zwischen Pornos und erster Liebe*. erschienen in Zeit Wissen März 2009

Pfeifer, Samuel: *Internetsucht. Verstehen – Beraten – Bewältigen.* Riehen 2004

Selg, Herbert: *Pornographie. In: Lexikon der Psychologie.* Bd. 3, Heidelberg 2001

Müller, Wolfgang (Bearb.): *Pornographie. In: Duden Fremdwörterbuch.* 4. neu bearb. Aufl., Mannheim 1982

Dpa: *Pornos sind Alltag.* Erschienen in LVZ 19.09.2008

Wüllenweber, Walter: *Voll Porno*: erschienen im Stern 6/2007

Schirrmacher, Thomas: *Interview in Pro Medienmagazin 3/2007*

Trauernicht, Rolf: *Internetsex – ich doch nicht.* Erschienen in Idea Spektrum 45/2006

Kix, Joachim/Voss, Chantal: Biblische Aspekte zum Thema Sexualität und Bedürfnisse. internes Papier Marburger Kreis, Würzburg 2009

Budford, Tom (2001): *Your children & Pornography: A guide for parents.* Zit. in: [WWW Artikel]. URL http://www.nationalcoalition.org/resourcesservices/stat.html [14.2.07]

Marshall, Eric/Hample, Stuart: *Neue Kinderbriefe an den lieben Gott.* Gütersloh 1976

Lubben, Shelly: *Die Wahrheit über Pornos*: www.shellylubben.com

Yarhouse, Mark: *Marriage Related Research.* Erschienen in Christian Counseling Today 2004

Zillmann, Dolf: *Lehrbuch der Medienpsyschologie* 2004

Hecht: *Wahre Freunde. Von der hohen Kunst der Freundschaft.*

Ziegler, Stefan: *Diplomarbeit Internetpornografie als Thema der Religionspädagogik.* Mai 2009

Budford, Tom (2001): *Your children & Pornography: A guide for parents*. Zit. in: [WWW Artikel]. URL http://www.nationalcoalition.org/resourcesservices/stat.html [14.2.07]

Christianity Today (Dezember 2001): *Leadership Survey*, [WWW Artikel] URL http://xxxchurch.com/07/gethelp/pastors.php [14.2.07]

Poeschl, Phil (Hrsg): *Texte und Videos von www.loveismore.de*

Buchempfehlungen

Bücher zum Thema allgemein:
Schirrmacher, Thomas: *Internetpornografie*. Holzgerlingen 2008

Büscher, Wolfgang/Siggelkow, Bernd: *Deutschlands sexuelle Tragödie*. Asslar 2008

Erfahrungsberichte von Christen:
Genung, Mike: *Mein Weg zur Heilung*. (nur zu beziehen über www.nacktetatsachen.at)

Deling, Wolf: *Der sexte Sinn*. Gießen 2004

Piehler, Thomas: *Geiler Bock oder Mann Gottes?* 3. Aufl. Solingen 2006

Bücher über Männlichkeit:
Malessa, Andreas/Giesekus Ulrich: *Männer sind einfach*. 2. Aufl. Brunnen Verlag Gießen 2008

Eldredge, John: *Der ungezähmte Mann*. Und *Der Weg des ungezähmten Mannes*. Brunnen Verlag Gießen

Beuster, Frank: *Die Jungenkatastrophe*. Reinbeck 2006

Buch für betroffene Partnerinnen:
Jacobs, Ilona: *Ich war eine von vielen*. Verlag der Francke-Buchhandlung GmbH Marburg 2009

Buch für betroffene Frauen:
Eldredge, Stacy: *Jede Frau und das geheime Verlangen*.

Linkempfehlungen

www.loveismore.de – die beste Seite im Netz zu dem Thema. Hier gibt's Links zu weiteren Seiten.

www.safeyes.com – Schutzsoftware

www.kindersicherung2009.de - Schutzsoftware

www.weisses-kreuz.de – Link zu Beratungsstellen und professionellen Seelsorgern

www.nacktetatsachen.at – Gute Erfahrungsberichte und Infos

www.shg-pornographieabhaengigkeit.de – Links zu Selbsthilfegruppen

www.marburger-kreis.de und www.crossover.info: Link zu dem Hauskreisnetzwerk und der Jugendarbeit, aus der ich komme.

Danke!

Dieses Buch zu schreiben war eine tolle Erfahrung und zugleich ein echter Kraftakt. Von der ersten Vision bis zum fertigen Manuskript war es ein langer Weg. Das Vertrauen, dass dieses Buch auch Gottes Anliegen ist, hat mich immer wieder ermutigt. Gott sei Dank.
Außerdem sage ich Danke an:

- Johanna – meine sehr geliebte Frau – für alles Aushalten, Auf-mich- Verzichten und Hinterfragen. Ich liebe dich!
- Meine Korrekturleser: Annika, Susi, Stefan, Chantal, Daniel, Dieter, Christian, Grischa, Phil, Jens, Jakob.
- Meine Ermutiger: Steve Volke, Klaus Heid, Kathrin Schultheis.
- Alle, die mir ihre Erfahrungsberichte geschickt haben. Ihr seid tolle Männer.
- Alle meine Seelsorger, die mit mir wichtige Wege gegangen sind: Stefan, Dieter, Thomas, Frank.
- Meine Eltern Brigitte und Günter, meine besten Unterstützer und Beter.

Weitere Ratgeber bei FRANCKE

Jörg Berger
Lebensziel Berufung
*Den eigenen Weg finden in
einer Welt der Beliebigkeit*
ISBN 978-3-86122-812-7
128 Seiten, gebunden

Berufung – ein etwas sperriger Begriff, dessen Perspektive und Bedeutung uns häufig verloren gegangen ist. Wie finde ich eine Lebensform, die meinem Wesen entspricht? Wofür soll ich mein Leben einsetzen?
Mit anderen Worten: Was ist meine Berufung?
Auf die Frage nach dem „Wie" gibt der Autor praktische Antworten, die sich nicht nur in der Psychotherapie bewährt haben. Auf die existenzielle Frage nach dem „Wofür" bietet die Bibel Lösungen, die zu einem frohen, schöpferischen und einsatzbereiten Leben freisetzen und neue Impulse geben.

Jörg Berger
Das 9 x 1 des Charakters
Gottes Bild von mir entdecken
ISBN 978-3-86827-044-0
176 Seiten, Paperback

Welche Gabe schlummert in Ihnen? Und in den Menschen, die Sie lieben?
Neun Charakterbeschreibungen führen Sie auf eine Spur:

- Wachstumsbringer
- Gemeinschaftsstifter
- Hoffnungsträger
- Sinneswecker
- Brückenbauer
- Vertrauensstifter
- Freudenboten
- Freiheitskämpfer
- Friedensstifter

Menschen mit diesen Eigenschaften haben entfaltet, was Gott in ihren Charakter gelegt hat.

Jeder Charakter ringt mit einer eigenen Lebensfrage. Die Suche nach einer Antwort kann in Sackgassen führen – oder zu einer Weisheit, die das Leben gelassen und fruchtbar macht. Jörg Berger verbindet in seinem Buch eine psychologische Sicht des Menschen mit den befreienden Erfahrungen, zu denen der christliche Glaube führt.

Jörg Berger
Mit offenen Augen lieben
Das Geheimnis der Partnerwahl
ISBN 978-3-86827-117-1
80 Seiten, Paperback

Kaum etwas prägt unser Leben so stark wie die Wahl des
Lebenspartners. Grund genug, sich mit dem Geheimnis
der Partnerwahl zu befassen: Welche Anziehungskräfte
führen Menschen zusammen? Wie gebe ich der Partnersu-
che die besten Chancen? Wie vermeide ich schlechte Erfahrungen? Kann ich eine Beziehung retten, die schwierig
begonnen hat?
Psychologische Forschung und Erfahrungen aus der Psychotherapie helfen, diese Fragen zu beantworten. Oft
sind es gerade die anziehenden Gegensätze, die später
Probleme machen. Um sie zu entschärfen, muss sich ein
Paar vor Augen führen, wie alles begann ...

Ilona Jacobs
Ich war eine von vielen
Wenn Pornografiesucht
eine Ehe gefährdet
ISBN 978-3-86827-119-5
144 Seiten, Paperback

Wenn er sich Pornofilme anschaut ...
Wenn er immer wieder im Internet surft, auf der Suche
nach ...
Wenn er süchtig nach Sex ist, aber nicht mit dir ...

Wie fühlt sich das an? Was bleibt von einer Ehe übrig?
Wohin soll man gehen mit seiner Verzweiflung und Wut?
Man schämt sich zu Tode und ist zugleich so wütend und
enttäuscht ...

Ilona Jacobs weiß, wie sich das anfühlt: Jahrelang hatte
ihr Ehemann mit seiner Pornosucht zu kämpfen. Ihre Ehe
ging deshalb fast in die Brüche. Jetzt hat sie den Mut,
uns einen Einblick in ihren Kampf zu gewähren. Was sie
mitgemacht hat, was sie fühlte, was sie aus ihren falschen Entscheidungen und Reaktionen gelernt hat, ihren
Zorn und ihr Verlangen – wir erleben alles hautnah mit
und nehmen teil an ihrem Ringen ums Überleben.
Herzzerreißend und beeindruckend – vor allem, wenn wir
mit ihr erkennen, wo die Heilung für ihr zerbrochenes
Herz liegt. Folgen wir ihr auf eine Reise, in deren Verlauf
sie eine Liebe entdeckt, die wiederherstellt, Hoffnung
gibt und mitten in der Verzweiflung Frieden und echte
Freude bietet.

Hits for Teens

Adrian Holloway
Der Schock deines Lebens
Are you ready?
ISBN 978-3-86122-527-0
176 Seiten, kartoniert

„... seltsam, was für ein normaler Tag es war. Ich kapiere bis jetzt nicht, wie alles so vorhersehbar sein konnte, so langweilig. Man würde doch erwarten, dass der Tag, an dem man stirbt, irgendwie gespenstisch ist und irgendwo unheimliche Musik läuft, aber ich schaute mir beim Anziehen das Frühstücksfernsehen an ...“

Doch dann wird's konkret.
Daniel, Anne und Judith haben eines gemeinsam: Ein verheerender Autounfall katapultiert sie in die Ewigkeit. Hier erwartet sie der Schock ihres Lebens: Die Sache mit Gott und Jesus, Himmel und Hölle – alles wahr! Und plötzlich ist Schluss mit lustig, denn jetzt zählt nur noch eine Frage – wie standen sie zu alledem: Nie gehört, null Bock, lieber light oder voll dabei?

Krass?
Auch wenn's lästig ist:
Das Hier und Jetzt ist gepfeffert mit Fragen.
Lass dich provozieren – deine Zukunft sollte es dir wert sein!

Adrian Holloway
Der Schock danach
You'd better be ready
ISBN 978-3-86122-784-7
320 Seiten, kartoniert

Ein Autounfall katapultiert Daniel in die Ewigkeit, doch
er bekommt eine zweite Chance: zurück ins Leben. Als er
im Krankenhaus aufwacht, ist er völlig umgekrempelt. Er
weiß, was es mit dem Leben nach dem Tod auf sich hat.
Und er kennt nur noch ein Ziel: Seine Freunde und seine
Familie müssen begreifen, dass Jesus ihre einzige Hoffnung ist! Doch die anderen sind von dieser Perspektive
ganz und gar nicht überzeugt ...

Ein Buch voller Fragen und Antworten, die provozieren
und deutlich machen, worauf es wirklich ankommt – lass
dich darauf ein!

Stephen Lungu & Anne Coomes
Black Shadows
Der aus dem Schatten trat
ISBN 978-3-86122-813-4
240 Seiten, kartoniert

Stephen ist gerade mal sieben Jahre alt, als seine Mutter
ihn auf der Straße sitzen lässt und aus seinem Leben ver-
schwindet. Erst in der Gang der „Black Shadows" findet
er eine neue Familie und eine Lebensaufgabe – Rebellion,
Aufstand gegen die Reichen, Zerstörung und Gewalt.
Als sich eines Tages Christen in der Stadt ausbreiten, hat
Stephen endlich ein lohnendes Ziel gefunden. Mit einem
ausgeklügelten Plan und Benzinbomben in der Tasche be-
tritt er ihr Zelt und wartet nur noch auf den richtigen Moment ... Was dann kommt, ist spannender als ein Thriller.

Roland Werner
Christ werden ... Mensch sein
ISBN 978-3-86122-711-3
64 Seiten, kartoniert

„Christsein? Natürlich bin ich Christ! Schließlich bin ich doch getauft und gehe regelmäßig in die Kirche – mindestens einmal im Jahr an Weihnachten!"

„Christsein? Alt, verstaubt, verklemmt, ein total überholter Lebensstil. Kein Thema für Leute von heute!"

Schon mal solche Sätze gehört? Oder sogar – selber so gedacht? Dieses Buch ist die Einladung, alten Vorurteilen mal auf den Zahn zu fühlen. Denn Christ werden und Christ sein ist keine Forderung, sondern ein Angebot, das zum Leben führt. Es ist das Angebot einer Lebenserneuerung. Deshalb gilt: lesen, nachdenken, ausprobieren, erleben!